JN074543

テレワーク制度のブラッシュアップ

導入・見直しのポイントと労務管理

毎熊典子 [著]
Maikuma Noriko

中央経済社

は し が き

　2018年7月に拙著『これからはじめる在宅勤務制度』を刊行してから，はや5年になります。当時は，政府が本腰を入れて働き方改革を推進する中，大企業でテレワークの導入が進む一方で，中小企業では，テレワークを導入する企業は少ない状況にありました。その後新型コロナウイルス感染症によるパンデミックが発生したことで，状況は一変しました。緊急事態宣言が発令され，企業規模の大小や業種を問わず，BCP（事業継続計画）対策としてテレワークを実施する企業が急増し，この2年ほどの間に働き方の選択肢の一つとして認識されるようになりました。

　しかし，ようやくコロナ禍の収束が見え始めたことで，これまでテレワークで働いていた従業員を通常勤務に戻すことを検討し始めた企業もあるようです。2022年5月，米国Tesla社のCEOイーロン・マスク氏が，「テレワークを希望する人は，最低でも週40時間オフィスにいるか，あるいはTeslaを去るかしなければならない」と書かれたメールを従業員に送りつけたことが，Twitterへの投稿により明るみになりました。テレワークが世界的に浸透し，欧州では「在宅勤務権」の法制化も進められるなかで，時代の流れに逆行するようなマスク氏の発言は，企業の経営者や人事労務担当者だけでなく，働く人にとっても，インパクトの強いものでした。

　同年8月には，米国Apple社が社員に週3日の出社を義務付ける方針を発表し，その際は1,000人以上の現役社員や元社員が一丸となり，経営陣に対して，公開書簡で異議を唱えました。機械学習の第一人者として知られるイアン・グッドフェロー氏が出社命令を受けて同社を退職したことも話題となりました。

　その後も，2023年1月にディズニー社がハイブリッド勤務で働く社員に対して週4日の出社を義務付けることを発表したり，スターバックス社が通勤圏内に住む社員に対して週3日の出社を義務付けるなど，一部の米国有名企業において，社員をオフィスに戻す動きが相次いでいます。しかし，全米産業審議会が2022年11月から12月にかけて行った調査では，今後のテレワーク計画について，縮小予定であると回答したCEOの割合が3％である一方，拡大予定との回答は5％でした。

　コロナ禍が長引く中で，社会経済活動のあり方だけでなく，人々の働き方や暮らしに対する意識も大きく変化し，「ニューノーマル時代」が到来したと言われています。テレワークを実施した人の中には，「もう元の生活には戻りたくない」という人が少なくありません。緊急事態宣言解除後に通常勤務へ職場復帰を命じた企業では，従業員がテレワークができる企業に転職してしまったというケースも発生しています。こうした変化を踏まえて，最近では，テレワークを前提として，従業員が全国どこでも自由に居住できる制度を導入する企業が増えています。転勤や単身赴任制度を廃止し，交通手段の制限をなくして，出社にかかる交通費を非課税限度額内で企業が負担することで，既存の従業員の定着率向上のみならず，全国に居住する優秀な人材の採用につながることが期待されています。人手不足が深刻化する中小企業においても，テレワークにより従業員が働きやすい環境を整えることで，人材の採用や定着につなげようとする傾向が見られます。

　テレワークを終了して従業員をオフィスに戻すことを検討している企業では，その理由として，コミュニケーション不足による生産性低下やメンタルヘルス不調者を挙げることが少なくありません。しかし，テレワークを終了することで，本当にこれらの問題を解決できるのでしょうか。テレワークは，企業が従前から抱えてきた労務管理上の課題を改めて浮き彫り

にしたにすぎないのではないでしょうか。

　一般社団法人日本経済団体連合会が2022年4月12日に公表した「エンゲージメントと労働生産性の向上に資するテレワークの活用」では，「企業は，感染予防対策としてのテレワークから，働き手のエンゲージメントと組織・チームの労働生産性の向上を目的とする人事労務上の重要施策として，テレワーク（在宅勤務，サテライトオフィス勤務，モバイルワーク）を明確に位置付け，進化させる必要がある」としています。そして，同会による2022年度「人事・労務に関するトップ・マネジメント調査結果」において，「社員のエンゲージメントを高める施策」のなかで明確な効果が認められたものの1位は，「場所・時間に捉われない柔軟な働き方の推進」でした。

　近年，「人的資本経営」が重要視されるようになっていますが，その背景には，企業・組織の人材構造の変化があります。従来の経営では，人材を「資源」として捉え，年功序列や終身雇用による人材の囲い込みが起きていました。人的資本経営は，人材を「資本」として捉え，その価値を最大限に引き出すことで，中長期的な企業価値向上につなげるものです。人材や働き方の多様化が進むなか，企業と人材の関係は，互いに選び，選ばれる自律的関係に変化しつつあります。企業が未来に向けて成長し続けていくためには，ダイバーシティ＆インクルージョンにより多様性を尊重する風土・文化を醸成し，一人ひとりの事情や状況に合わせた働き方により，それぞれの価値を最大限に引き出す体制を整備することが必要不可欠となっています。テレワークは，そうした体制を整備するための有用なツールとして，これからの時代において企業の成長戦略のカギになるといえます。

　本書では，これからの時代に即したテレワーク体制の整備を検討している経営者や人事労務担当者の参考になるよう，新しいテレワークガイドラ

インや関係各省が公表しているガイドラインを踏まえ，テレワーク環境や労務管理体制，規程の整備のポイントに加え，運用上の課題とその対策，テレワークを終了する際の留意点など，テレワークの導入から終了までをわかりやすく解説しています。本書が自社におけるテレワーク方針を検討する際の一助となれば幸いです。

　最後に，本書の刊行にあたり多大なご理解とご尽力を賜りました中央経済社編集部の露本敦様，川副美郷様に，心より御礼申し上げます。そして，これまでも，これからも，私を応援してくださるお客様，恩師，友人，そして家族に，心から感謝の意を表します。

　2023年4月吉日

特定社会保険労務士　毎熊　典子

目　　次

第3章　労務管理体制の整備 ―――――――― 52

第6章　テレワークを終了する際の留意点 ──── 153

巻末資料

◇本書所収の規程例・書式例・規定例

規程例

【規程例 1 】テレワーク勤務規程の例（121頁）

【規程例 2 】私物端末の業務利用にかかる規程（BYOD 規程）の例（128頁）

書式例

【書式例 1 】時間単位の年次有給休暇に関する労使協定書の例（57頁）

【書式例 2 】テレワーク勤務許可申請書の例（104頁）

【書式例 3 】テレワーク勤務許可書の例（105頁）

【書式例 4 】フレックスタイム制の適用に関する労使協定の例（114頁）

【書式例 5 】私物端末の業務利用に関する誓約書（BYOD 誓約書）の例（132頁）

規定例

・中抜け時間を休憩時間とし終業時刻を繰り下げる規定の例（56頁）

・テレワーク勤務時の中抜け時間および移動時間の取扱いについての規定の例（59頁）

・在宅勤務手当の一部が社会保険料・労働保険料等の算定基礎に含まれる例（74頁）

・教育・研修に関する規定の例（84頁）

・目的に関する規定例 1 ・ 2 （101頁）

・実施対象者に関する規定例（102頁）

・申請手続に関する規定例（103頁）

・情報通信機器に関する規定例 1 ・ 2 （106頁）

・情報管理に関する規定例（107頁）

・就業場所に関する規定例（108頁）

・通常の労働時間制を適用する場合の労働時間に関する規定例（109頁）

・事業場外のみなし労働時間制を適用する場合の労働時間に関する規定例（110頁）

8

第 1 章

コロナ禍におけるテレワークの特殊性

1 テレワークとは

　「テレワーク」は，「遠い・離れて」という意味の"Tele"と，「働く・仕事」という意味の"Work"を組み合わせた造語で，パソコンやスマートフォンなどの情報通信機器を活用した，場所にとらわれない働き方のことをいいます。

　テレワークには様々な形態があり，企業に勤務する被雇用者が行う雇用型テレワークは，働く場所に応じて，「在宅勤務」，「モバイル勤務」，「サテライトオフィス勤務」に分類されます。在宅勤務は，主に従業員の自宅で仕事を行うものです。WEB 会議ツールを使って自宅から会議に参加したり，自宅から会社のシステムにアクセスして社内データを活用して資料を作成したり，インターネットの検索機能を利用して情報収集したりすることは，すべて在宅勤務に該当します。

　モバイル勤務は，移動中の車や電車の中，出張中の隙間時間などにノートパソコンやスマートフォンなどを使って仕事をすることをいいます。最近話題の「ワーケーション」も，旅先などで仕事をするもので，モバイル勤務の一形態といえます。

　サテライトオフィス勤務は，企業が用意したサテライトオフィスやレン

タルオフィスなどを就業場所とする就労形態です。最近は，不動産会社等が運営するシェアオフィスやレンタルオフィス，コワーキングスペースが増加しており，会社が契約している拠点の中から従業員が自宅に近いところを選んで勤務するケースも増えています。

　また，テレワークを実施頻度に応じて分類することもあります。専らテレワークで仕事をする就労形態を「常時型テレワーク」，「完全テレワーク」といいます。他方，月または週に数回程度実施する，あるいは一日のうちの午前中だけ，午後だけといったように，就労時間の一部で行うテレワークを「随時型テレワーク」，「部分テレワーク」といいます。このように，一口にテレワークといっても，様々な形態があります。

　政府が進める働き方改革では，テレワークを「ワークライフバランスを確保して，健康に，柔軟に働きたい」「病気治療，子育て，介護などと仕事を無理なく両立したい」という働く人の視点に立った課題を解消するための具体的対応策として位置づけ，テレワークの導入支援を目的として，2018年2月22日に「情報通信技術を利用した事業場外の適切な導入及び実施のためのガイドライン」が公表されました。その後，2020年4月に新型コロナウイルス感染症による緊急事態宣言が発令され，テレワークは，BCP対策として，また，新型コロナウイルス感染防止対策として，企業規模を問わず多くの企業で実施されるようになりました。かかる事態を踏まえて，厚生労働省は，新たな日常，新しい生活様式に対応した良質なテレワークの推進を掲げてガイドラインの改定を行い，2021年3月に「テレワークの適切な導入及び実施の推進のためのガイドライン」（以下「テレワークガイドライン」といいます）（巻末資料1）を公表しました。

2　テレワークを実施した企業と働く人の意識の変化

(1)　コロナ禍で実施されたテレワーク

　コロナ禍で実施されたテレワークは，企業にとって，外的要因により実施を余儀なくされたBCP対策であり，コロナ禍前に導入・実施されていたテレワークとは，導入目的や実施形態が大きく異なるものであるといえます。コロナ禍前に実施されていたテレワークは，育児介護を行う必要がある従業員や，障害者，遠隔地通勤者などの通勤困難者などを対象者として，限定的に実施することが一般的で，全従業員を対象として実施するところはあまりありませんでした。対象者を比較的広く設定している大企業においても，月に数回または週に1，2回程度の頻度で実施するところがほとんどでした。テレワークの実施目的にBCP対策を挙げている企業の割合も1割程度にとどまり，全従業員が一斉にテレワークをすることを前提としてテレワーク環境を整備していた企業は多くはありませんでした。
　そのような状況下で新型コロナウイルスが発生し，急遽，事前の準備期間もなくテレワークを実施し，従業員の自宅のインターネット環境や作業環境が不十分な中で，週5日，週4日の頻度で慣れない在宅勤務を何週間，何か月もの期間にわたり続けることは，企業だけでなく，従業員にとっても，負担が大きかったものと思われます。

(2)　企業が感じたテレワークの効果と課題

　コロナ禍でテレワークを実施した企業では，従業員が出社しなくても業務を行えるように，業務プロセスの見直しや紙媒体資料のデータ化（ペーパレス化）が進められました。建設業や製造業など現場での作業が主とな

る業種の企業においても，テレワークで実施可能な業務の切り出しを行い，可能な範囲で従業員にテレワークを行わせる取組みが行われました。それにより，東京商工会議所がコロナ禍でテレワークを実施した企業を対象に行った調査では，「働き方改革が進んだ」と回答した企業の割合が5割を超える結果となりました【図表1-1】。

図表1-1　企業が感じるテレワークの効果

	全体（n=732）	発令前より実施（n=341）	発令以降から実施（n=391）
1位	働き方改革が進んだ 50.1%	働き方改革が進んだ 54.0%	働き方改革が進んだ 47.6%
2位	業務プロセスの見直しができた 42.3%	業務プロセスの見直しができた 46.3%	業務プロセスの見直しができた 38.9%
3位	定期的業務の生産性が上がった 17.0%	定期的業務の生産性が上がった 20.5%	特になし 19.7%
4位	特になし 17.0%	コスト削減 15.2%	定期的業務の生産性が上がった 13.6%
5位	コスト削減 14.3%	特になし 11.4%	コスト削減 13.3%

（複数回答・上位5項目）

（出典）東京商工会議所「テレワークの実施状況に関する緊急アンケート」（令和2年6月17日）

　しかし，一方で，緊急事態宣言発令以降からテレワークを実施した企業では，テレワークの実施に必要なパソコンやスマートフォンなど情報通信機器を確保できなかったり，従業員の自宅のネットワーク環境が整備されていない，テレワークの実施を前提としたセキュリティ体制が整っていないなどの問題も発生しました。慣れないテレワークで社内コミュニケーションがうまくとれず，伝達ミスや誤解が生じたり，業務効率が低下する

などの課題を感じる企業も少なくありませんでした【図表1-2】。

　また，緊急事態宣言発令前よりテレワークを実施していた企業でも，それまで対象者を限定して月に数回程度実施していた部分テレワークを，急遽，全従業員を対象とした完全テレワークに切り替えたことで，混乱が生じたところが少なくありませんでした。そして，押印を必要とする社内業務に支障が生じたり，郵便物の回収，請求書の発送業務，社内システムのメンテナンス業務など，テレワークでは行えない業務が多数あることがテレワークの課題として認識されることとなりました。

　さらに，コロナ禍において出社制限が長引く中で，メンタルヘルス不調を訴える従業員が増え，多くの企業が従業員エンゲージメントの低下を感じるようになりました。

図表1-2　　テレワークの課題

	全体（n=732）	発令前より実施（n=341）	発令以降から実施（n=391）
1位	ネットワーク環境の整備 56.7%	書類への押印対応 60.1%	PC・スマホ等機器の確保 58.8%
2位	PC・スマホ等機器の確保 55.9%	社内のコミュニケーション 58.1%	ネットワーク環境の整備 57.3%
3位	社内のコミュニケーション 55.5%	ネットワーク環境の整備 55.4%	情報セキュリティ体制整備 55.2%
4位	情報セキュリティ体制整備 50.9%	PC・スマホ等機器の確保 52.5%	社内のコミュニケーション 55.5%
5位	書類への押印対応 49.9%	情報セキュリティ体制整備 44.9%	業務プロセスの洗い出し・構築 44.2%

（複数回答・上位5項目）

（出典）東京商工会議所「テレワークの実施状況に関する緊急アンケート」（令和2年6月17日）

(3)　コロナ禍でテレワークを実施した人の意識

　コロナ禍でテレワークを実施した企業が様々な効果と課題を感じた一方で，テレワーク実施者を対象に行われた調査では，自宅での勤務について「効率が上がった」「やや上がった」と感じている人の割合は３割程度にとどまるものの，「満足している」「どちらかといえば満足している」と回答した人の割合は６割程度となっています【図表１-３】。

図表１-３　　テレワーク実施者の意識

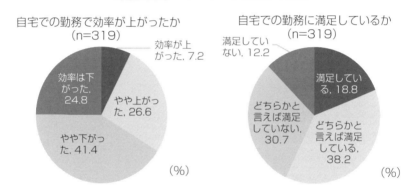

（出典）日本生産性本部　「新型コロナウイルスの感染拡大が働く人の意識に及ぼす調査」（令和２年５月22日）

　働く人にとって，テレワークの１番のメリットは，通勤がないことです。通勤にかかる時間や通勤のための準備時間がなくなることで，空いた時間をプライベートに充てることができ，家族と過ごす時間や睡眠時間が増えたり，趣味や自己研鑽，ボランティア活動のための時間として使うことが可能となります。また，通勤で体力や精神力を消耗することがなくなり，静かな環境で集中して仕事をすることで，作業効率がアップすると感じる人も少なくありません。

　一方で，テレワークだと業務効率が落ちると感じる人もいます。その理由として，上司や同僚とコミュニケーションがとりにくい，他の人の様子がわからないので不安になる，私生活と仕事の切り替えが難しい，ネットワーク環境が整っていない，テレワークでアクセスできない資料があるなどが挙げられます。

　特に，新入社員や配置転換したばかりの従業員など，仕事に慣れておらず，職場の上司や同僚との間で信頼関係を築けていない従業員にとって，長期にわたり完全テレワークを実施することは，精神的負担が大きく，孤独や不安を感じたり，メンタルヘルス不調やエンゲージメント低下につながりやすいという面があります。

3　ニューノーマル時代のテレワーク

(1)　アフターコロナに向けた企業の対応

　コロナ禍においてBCP対策として急遽テレワークを実施した企業の中には，アフターコロナに向けて従業員を通常勤務に戻すことを検討しているところもあると思われます。2020年11月にパーソル総合研究所が実施した「第四回・新型コロナウイルス対策によるテレワークへの影響に関する緊急調査」では，ワクチン普及後もテレワークを継続する予定の企業は25.5％にとどまり，原則，全員出社にする予定の企業は31.2％，まだ決まっていないと回答している企業は43.4％となっています【図表1-4〔企業〕】。

　同調査では，テレワーク実施中の正社員に対してコロナ収束後もテレワークの継続を希望するかとの問いを行っており，「続けたい」，「やや続けたい」と回答した人は78.6％に上り，「続けたくない」，「あまり続けたくない」と回答した人は，5.8％でした【図表1-4〔労働者〕】。

16

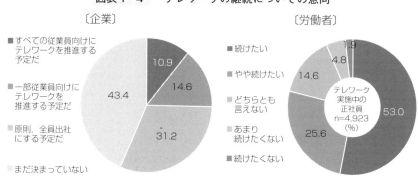

図表1-4　テレワークの継続についての意向

〔企業〕
- すべての従業員向けにテレワークを推進する予定だ
- 一部従業員向けにテレワークを推進する予定だ
- 原則，全員出社にする予定だ
- まだ決まっていない

10.9　14.6　31.2　43.4

〔労働者〕
- 続けたい
- やや続けたい
- どちらとも言えない
- あまり続けたくない
- 続けたくない

テレワーク実施中の正社員　n=4,923（%）

1.9　4.8　14.6　25.6　53.0

（出典）パーソル総合研究所「第四回・新型コロナウイルス対策によるテレワークへの影響に関する緊急調査」

　さらに，2022年2月に実施された「第六回・新型コロナウイルス対策によるテレワークへの影響に関する緊急調査」では，テレワーク実施者のテレワーク継続意向は80.2％となっており，2020年11月時点と比較すると78.6％から1.6ポイント増加し，過去最高となっています。

図表1-5　テレワーク実施者のテレワーク継続希望意向 推移（正社員ベース）

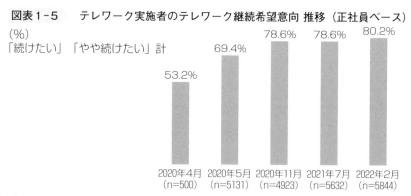

(%)
「続けたい」「やや続けたい」計

2020年4月 (n=500)	2020年5月 (n=5131)	2020年11月 (n=4923)	2021年7月 (n=5632)	2022年2月 (n=5844)
53.2%	69.4%	78.6%	78.6%	80.2%

（出典）パーソル総合研究所「第六回・新型コロナウイルス対策によるテレワークへの影響に関する緊急調査」

　コロナ禍においてテレワークを実施した人の中には，「もう元の生活に

は戻りたくない。」という人が少なくありません。実際，緊急事態宣言解除後に従業員に通常勤務への復帰を命じたところ，テレワークを続けられないことを理由に従業員が退職してしまったというケースも発生しています。

　コロナ禍が長引く中で，経済活動や社会のあり方だけでなく，人々の働き方や家庭生活の在り方に対する意識も大きく変化しています。こうした変化は，世界的にも広まっています。欧州では「在宅勤務権」の法制化が始まり，米国では在宅勤務の恒久化を決める企業が相次いでいます。我が国においても，テレワークの継続実施を前提として，従業員が全国どこでも自由に居住できる制度を導入する企業が増えています【図表 1-5】。転勤，単身赴任の制度や出勤のための交通手段の制限を廃止し，出勤にかかる交通費を非課税限度額の範囲内で企業が負担することで，既存の従業員の定着率の向上だけでなく，全国に居住する優秀な人材の採用につながることが期待されています。「マイナビ2021年卒大学生 U ターン・地元就職に関する調査」でも，「働く場所が自由になるという条件の下では，学生の 2 人に 1 人が地方での勤務や居住に希望をもっている。」という調査結果が報告されています。

　テレワークを人材確保につなげる動きは，大企業だけでなく，中小企業においてもみられるようになっています。令和 3 年度の「テレワーク先駆者百選」で総務大臣賞【図表 1-8】を受賞した中小企業では，全社員がフルリモートで働ける環境を整備することで，U ターン社員が引き続き就業でき，地方人材の採用も可能とする仕組みを整えたり，「オフィスは，仕事場でなくコミュニケーション＋遊び場である」とする方針を打ち立てるなど，生産性の向上を図りつつ，従業員が働きやすい環境を整備し，従業員エンゲージメント向上を図る取り組みが行われています。人手不足が深刻化するなかで，大企業に比べて人材の確保が難しい中小企業では，テ

レワークの実施により従業員が働きやすい環境を整えることで，人材の採用・定着につなげようとする傾向が強く見られます。

図表1-6　全国どこでも居住可能とする制度を導入している企業の例

NTT	・2022年7月から3万人を従業員を原則テレワークとする方針を決定 ・各社で企画やシステム開発などテレワークを原則とする部署を決定 ・国内ならどこでも自由に居住できる制度を導入 ・転勤や単身赴任をなくし，出社が必要な場合は出張扱いとする ・テレワークが不向きな職場ではIT技術を活用化した省力化を進める
DeNA	・2022年6月から国内のどこでも居住できる制度を開始 ・出社頻度は部署ごとのルールに従う ・通勤に必要な交通費を月15万円まで支給
ミクシィ	・2020年からコアタイム（正午から3時まで）ありのフレックスタイム制，週3日まで在宅勤務を可能とする試験運用を開始 ・2022年4月から正午までに出勤できる範囲で全国どこでも居住可 ・通勤にかかる交通費を月15万円まで支給 ・対象は契約社員，アルバイトを含めた全従業員
セガサミーホールディングス	・2022年4月から育児や介護に携わる社員を対象に働く場所を選択できる制度を導入 ・通勤費に上限を設けず，新幹線や飛行機での通勤も実費精算とする

図表1-7　　令和3年度「テレワーク先駆者百選」総務大臣賞受賞企業

団体名	業種，所在地，従業員数	● 審査会評価のポイント・地方との関わり（地方創生），特記事項
日本航空株式会社	運輸業，郵便業 東京都 13,787人	・全社的にテレワークを推進する大企業。併せて，IT改革，業務棚卸し，業務プロセス改革を実施。 ・出張先で滞在を延長するブリージャー，休暇先でテレワーク可能なワーケーションなど，新しい形態の働き方を制度化。
ネットリンクス株式会社	学術研究，専門・技術サービス業 岡山県 17人	・全従業員がテレワーク可能な，学術研究部門の岡山の会社。 ・育休中を除く従業員16名中6名がワーキングマザー。テレワークは子育てのための特別な働き方というイメージを払拭し，全従業員を対象とする公平な制度化。
株式会社三技協	建設業 神奈川県 337人	・建設業（ブロードバンドインフラ事業等）において，全ての役員・従業員がテレワーク可能。 ・テレワークにより，Uターン社員が引き続き就業，地方都市居住の人を採用。
株式会社エグゼクティブ	サービス業（他に分類されないもの） 東京都 32人	・全社全部門で100%テレワーク。在宅勤務日ではなく出勤日を自由選択。オフィスは，仕事場ではなく，コミュニケーション＋遊び場。 ・テレワークにより，時短勤務からフルタイム勤務に展開した例あり。
株式会社ニット	サービス業（他に分類されないもの） 東京都 17人	・フルリモートで運営するオンラインアウトソーシングサービス。副業・複業OK。 ・社員のほか，日本全国，世界33か国の400名の業務委託メンバーに発注。
愛和税理士法人	学術研究，専門・技術サービス業 大阪府 21人	・中小企業，士業でのテレワークモデルとなることを期待。 ・セキュリティに関し，人為的要因に言及し，リスク低減の取組を明文化。

（出典）総務省「総務省におけるテレワーク普及・推進の取り組み」

(2)　時代の変化に則したテレワーク制度の必要性

　ここまでみてきた通り，新型コロナウイルスによるパンデミックの発生の前後では，テレワーク実施企業における，テレワークの実施目的，対象者の範囲，実施形態，実施頻度は，大きく異なります。従前からテレワークを実施していた企業では，通勤時間の削減，労働生産性の向上，育児・介護を理由とする離職の防止，通勤困難者の雇用維持などをテレワークの実施目的とし，働く場所や時間に制限がある者，テレワークを行わせることにより生産性向上が期待できる職種の者，自律的に働ける者を実施対象として，月数回または週１，２回程度の終日在宅勤務や部分テレワークを行わせることが一般的でした。

　これに対して，緊急事態宣言が発令されてからは，テレワークを実施するほぼ全ての企業がBCP対策および新型コロナウイルスの感染拡大防止を目的として，テレワークで働くことが可能なすべての従業員を対象として，完全テレワークや週３日以上の頻度の高い終日テレワークを実施しました。

　このように，コロナ禍の前のテレワークと，コロナ禍におけるテレワークは，大きく異なるものであるといえますが，コロナ禍収束後に目指すべきアフターコロナのテレワークは，これらのいずれとも異なることを理解することが大事です【図表１-８】。

図表1-8　ビフォーコロナ・ウィズコロナ・アフターコロナのテレワーク

	ビフォーコロナ	ウィズコロナ	アフターコロナ
実施目的	・通勤時間の削減 ・労働生産性の向上 ・育児・介護等を理由とする離職の防止 ・通勤弱者への対応	・事業継続（BCP対策） ・感染症拡大防止対策安全配慮義務の遵守 ・行政による外出自粛要請への対応	・新しい生活様式に適した働き方の実現 ・労働生産性の向上 ・事業継続（BCP対策） ・優秀な人材の確保
対象者の範囲	・働く場所・時間に制約がある者 ・テレワークに適した職種の者 ・自律的に働ける者 ・管理職にある者	・テレワークでは行えない業務担当者を除いた全社員（半強制的適用）	・会社が定める要件を満たすテレワーク希望者
実施形態・実施頻度	・月に数回，または週1，2回程度（終日または時間単位）の部分的テレワーク	・完全在宅勤務 ・週3日以上（終日または時間単位）のテレワーク	・ハイブリッド勤務（部分的テレワーク） ・完全テレワーク

　アフターコロナのテレワークは，BCP対策に役立つだけでなく，柔軟な働き方を希望する優秀な人材の採用・雇用維持に役立つものであり，かつ，生産性向上や業務効率の向上を実現し，企業の成長に役立つものであることが求められます。そして，ニューノーマルの時代に合ったテレワークを実施するためには，改めて自社におけるテレワークの実施目的を明確にし，その目的に合わせて，実施対象者の範囲や実施形態，実施頻度などを見直すことが必要不可欠であるといえます。

　これからのテレワークのあり方について悩まれている企業の経営者や担当者の方には，自社にとってのテレワークの意義について確認したうえで，未来に向けた自社の経営戦略・人材戦略に即したテレワーク体制の整備を目指していただきたいと思います。

第 **2** 章

テレワーク環境の整備

1 テレワークの恒常的実施に向けた体制の整備

⑴ テレワーク体制整備の必要性

　テレワークは，従業員との個別の合意に基づいて，最低限の ICT 環境を整えれば実施可能なものです。実際，緊急事態宣言下において急遽テレワークを導入・実施した企業では，そのような対応がとられていたケースが多いと思われます。

　ただ，テレワークを恒常的制度として実施するのであれば，実施目的を明確にし，目的に合わせて実施対象者や実施対象とする業務の範囲を定め，テレワークを実施する際のルールを就業規則等で定めることが必要となります。また，情報セキュリティの観点から，テレワーク実施時のセキュリティ対策を講じることが求められます。さらに，生産性向上を図るためには，テレワークに適した ICT 環境を整備し，テレワークで働きやすい労務管理体制を整えることが重要です。そして，テレワーク実施開始後においても，こまめにテレワークの効果と課題を確認し，課題解消に取り組み，新たなニーズへ対応することで，自社に適した効果的で円滑なテレワークが実現されていきます。

図表2-1　　テレワーク環境整備の全体像

テレワーク体制整備の手順	テレワークに適した環境の整備
実施目的の明確化	ＩＣＴ環境の整備
実施対象範囲の決定	セキュリティ対策の整備
教育・研修の実施	労務管理体制の整備
テレワークの実施	社内規程の整備
課題解消と新たな ニーズへの対応	

(2)　目的の明確化

　テレワーク体制を整備するにあたり，自社においてテレワークを実施する目的を明確にすることが必要不可欠です。従業員の中には，テレワークに対して否定的な見解を持つ者もいると思われます。特にテレワークが適用されない従業員や，部下を取りまとめる立場にある管理職層にこうした傾向が見られがちです。

　テレワーク勤務を恒常的制度として効果的かつ円滑に運用するためには，「なぜテレワークを行うのか」，「テレワークにより会社が何を実現しようとしているのか」を明らかにして周知し，全従業員の理解と協力を得られるようにすることが大事です。

(3)　実施対象者

　テレワークでは，会社から離れた場所で一人で仕事を行うことから，自

律的業務遂行能力や自己管理力，コミュニケーション能力が求められます。自分がやるべき仕事を明確にし，上司や周りの人が見ていなくても，誠実に業務を遂行し，計画的に集中して働くことができる従業員がテレワークに向いているといえます。また，日頃から職場の人間関係が良好で，報・連・相を適時に行うことができる，コミュニケーション能力が高い従業員がテレワークに向いているといえます。他方，新入社員や配置転換したばかりでOJTが必要な者，単独で仕事をすることが難しい者，時間にルーズな者，周囲の目がないとサボりがちな者，ICTツールを上手く使いこなせない者などは，テレワークに向いていません。

　テレワークの実施目的に合わせて実施対象者を限定する場合は，従業員の理解が得られやすいように，就業規則やテレワーク規程に実施対象者の範囲や適用条件を定めておくことが大事です。

　テレワークでの業務遂行が明らかに難しい職種の従業員をテレワークの実施対象者から外すことは可能です。ただし，厚生労働省のテレワークガイドラインでは，「その性格上テレワークを実施することが難しい業種・職種があると考えられるが，（中略）個別の業務によっては実施できる場合があり，（中略）テレワークに向かないと安易に結論づけるのではなく，管理職側の意識を変えることや，業務遂行の方法の見直しを検討することが望ましい」としています。

　また，契約社員やパートタイマーなどの非正規従業員について，正社員でないことのみを理由としてテレワークの実施対象から外すことは，2021年4月から中小企業にも適用されている「同一労働同一賃金ガイドライン」が禁止する「不合理な格差」に当たると考えられます。

　実施対象者の範囲については，これらの点に留意して検討してください。

⑷　実施対象業務

　基本的に，パソコンやスマートフォンなどの情報通信機器を利用して行う業務は，すべてテレワークの実施対象業務とすることが可能です。実施対象業務の選定にあたっては，まず，従業員が行っているすべての業務をリストアップし，一つひとつの業務について，現状においてテレワークでできる業務とできない業務に仕分けします。現状のままでは実施できない業務も，業務遂行プロセスを見直し，ICT 環境やセキュリティ対策を整備することで，テレワークで実施することが可能になります。たとえば，社外への持ち出しが禁止されている資料を必要とする業務の場合，資料を電子化して社内システムにアクセスして社外からでも閲覧できるようにすることで，テレワークの実施対象業務とすることが可能となります。一つひとつの業務について，テレワークで行うことのニーズと課題を洗い出し，必要に応じて新たな ICT ツールを導入し，テレワークで実施可能な環境を整えることで，実施対象業務の範囲は徐々に広がっていきます。

⑸　PDCA サイクルによる改善と効率化

　目標を定め，実施対象者，実施対象業務，実施頻度などの実施計画を立て（Plan），テレワークを開始し（Do），実施開始後もテレワーク実施者や上司や部下，同僚，システム担当者などの関係者に対するヒアリングやアンケートをこまめに行って，テレワークの実施による効果を定量的・定性的に評価し，当初の目的の達成度合いを確認し，課題を洗い出します（Check）。そして，課題を解消し，新たなニーズに対応するための改善策を策定し（Act），テレワーク実施計画の見直しを行います（Plan）。

　この PDCA サイクルを回し続けることで，年々変化する経営環境や自社の経営状況に則したテレワーク体制の整備が可能となります。

2 ICT 環境の整備

(1) ハードウェアの整備

　テレワークは，情報通信技術を活用して行う事業場外勤務です。そのため，テレワークの実施にあたっては，社外で使用するための情報通信機器が必要になります。具体的には，ノートパソコンやタブレット型端末，スマートフォン，携帯電話などが挙げられます。

　これらは企業が従業員に支給することが一般的ですが，従業員が個人で所有する私物を業務に使用するケースもあります。個人で所有しているスマートフォンやパソコンなどの私物を業務にも利用することを "Bring Your Own Device"，略して BYOD（ビー・ワイ・オー・ディー）といいます。コロナ禍で急遽テレワークを実施した企業では，従業員に支給するパソコンやスマートフォンを必要な数だけ調達することができず，なし崩し的に BYOD を認めたところも少なくないと思われます。BYOD では，従業員は自分の使い慣れた情報通信機器で仕事をすることができ，企業も情報通信機器を支給する手間やそれにかかるコストを省くことができます。しかし，私物の情報通信機器で業務関連情報を扱うことは，情報漏えいリスクを高めることから，BYOD の実施にあたっては，予め十分な対策を講じることが必要とされます。

　他方，企業が支給した情報通信機器を使用させる場合，その種類によって機能やセキュリティの内容が異なるため，従業員がテレワークで行う業務の内容に合わせて情報通信機器を選定する必要があります。たとえば，デスクトップ式のパソコンの多くはファットクライアント型と呼ばれ，内蔵しているハードディスク内に情報を保存することができますが，シンク

ライアント型ではほとんどの機能がサーバーで処理され，パソコン内に情報が保存されないため，万一盗難や紛失などが発生した場合でも，情報漏えいが起きにくく，テレワークに適していると言えます。ファットクライアント型のパソコンをシンクライアント化することも可能ですが，この場合は，USB などの専用機器（認証キー）が必要となります。

(2)　ソフトウェアの整備

　テレワーク用ソフトウェアとしては，主に業務管理ツール，コミュニケーションツール，業務用ソフトウェアが挙げられます。

①　業務管理ツール

　テレワークでは，スケジュール管理や業務関連情報の共有が必要となるため，サイボウズ（Office）や Microsoft 365などのグループウェアや，業務の遂行に必要な機能を備えた製品・サービスの導入が必要となります。電子メールや電子掲示板，ドキュメントの共有，スケジュール管理，ワークフロー管理など，組織内の情報共有のために必要な機能が一つに統合されたグループウェアは多数あります。オンラインのグループウェアを利用する場合は，専用ソフトウェアを必要としないため，初期導入コストが抑えられます。業務管理ツールには様々なものがあり，即日利用可能で，無料の試用期間が設けられているものも多いので，実際に複数名で試用した上で導入を検討するとよいでしょう。

②　コミュニケーションツール

　テレワーク実施時のコミュニケーションツールとしては，一般的に，電話や電子メール，SNS などが利用されています。インターネット電話サービスのアプリケーションを利用することで，通話だけでなく，チャットや

電話会議，ビデオ会議が可能になる場合もあります。

　チームで進める仕事など，複数名で打ち合わせをしながら進める必要が
ある場合は，WEB 会議システムやテレビ会議システムを利用することで，
テレワークでも対面に近い状態で打ち合わせをすることが可能となります。
また，会議や打ち合わせに参加する機会が多い管理職もテレワークを行い
やすくなります。会議システムについては，Zoom や Microsoft Teams な
ど様々なサービスが提供されています。システムを導入する際の比較対象
項目としては，最大接続可能人数や表示可能な参加者映像数のほか，資料
共有の可否，ホワイトボードや録画・再生機能の有無などがあげられます。
初期費用や月額利用料もサービスごとに異なり，無料で利用できるサービ
スもあります。有料サービスにも無料試用期間が設けられていたりするの
で，実際に利用してみて，画質や音質，使いやすさを比べてみてから導入
を検討するとよいでしょう。

　また，最近は，コミュニケーションを円滑に行うことを目的として，
バーチャルオフィスツールを導入する企業が増えています。バーチャルオ
フィスツールとは，テレワークをしながら擬似的に同一のオフィスで仕事
しているように感じさせるツールのことです。仮想のオフィスにメンバー
のアバターや顔写真を表示し，同じ仮想空間内で仕事をすることで，テレ
ワークでも常に職場の仲間との一体感が抱け，コミュニケーションが円滑
に進むことを目的としています。

③　業務用ソフトウェア
　いつも仕事で使っている業務用ソフトウェアをテレワークで使えるよう
にするためには，テレワークで使用するパソコンに業務用ソフトウェアを
インストールしたり，社外から社内のシステムにアクセスできるようにす
る必要があります。使用しているパソコンの種類や回線，サーバーの状況

などについて確認したうえで，できるだけ現在のシステム環境を活かしながら，コストや導入条件等に合わせて，導入しやすい方法を選択することをお勧めします。既存のインターネット回線に関して，セキュリティ確保の状況のほか，利用時の通信量や速度制限の有無，導入した場合にかかるコストなどについても確認することが大切です。

④　その他のテレワーク関連ツール

　テレワーク関連ツールには，上記のほかにも，勤怠管理ツールや在席管理ツール，ペーパレス化ツール，障害者向けツール，メンタルヘルス支援ツールなどがあります。勤怠管理ツールには，出勤時・退勤時の打刻ができるだけでなく，給与計算ソフトと連携できるものや，人事・労務管理のために必要なデータを取れるものもあります。また，「着席」「退席」ボタンにより勤務を申告させて，「在席」と申告している時間中に作業者のパソコンの業務画面を不定期にキャプチャーし，管理者が部下の業務の遂行状況を確認できるツールもあります。そのほか，画像にフィルターをかけてぼかしたり，背景を変更するなど，従業員のプライバシーに配慮した機能や作業時間の自動記録，タスク管理機能などを備えたツールもあります。

　ただ，勤怠管理や在席管理については，始業時・終業時や休憩の開始時・終了時に，都度メールを送信させたり，電話をかけさせたりすることでも対応可能です。テレワーク関連ツールの導入については，必要に応じて検討することでよいと思われます。ペーパレス化ツールの導入も，既存の紙の書類の電子化に取り組む際に検討するとよいでしょう。まずは必要最小限のツールを導入し，必要以上にコストをかけないようにすることをお勧めします。

　なお，テレワーク用ツールの導入を検討する際は，日本テレワーク協会発行の「テレワーク関連ツール一覧」や「中堅・中小企業におすすめのテ

レワーク製品一覧」などが参考になります。また，東京テレワーク推進セ
ンターでは，テレビ会議や WEB 会議などのコミュニケーションツールの
ほか，VR（仮想現実）や AR（拡張現実）を使った遠隔操作システム，
ロボットを利用した在宅勤務システムの展示等を行っており，様々なツー
ルやソフトウェアを体験することができます。

図表2-2　　テレワーク環境を構築するためのツールの区分

システム方式	コミュニケーションツール	管理ツール
リモートデスクトップ方式	Eメール	勤怠管理ツール
仮想デスクトップ方式	電話関連システム	在席管理（プレゼンス管理）ツール
クラウドアプリ方式	チャット（インスタントメッセンジャー）	業務管理（プロジェクト管理）ツール
安全ファイル持出方式	TV会議システム	ペーパーレス化ツール
ファイル持出方式	Web会議ツール	障害者向けツール
セキュリティポリシーに応じて選択	情報共有ツール	シェアオフィス
モバイルテレワークツール	電話応対支援ツール	メンタルヘルスケア支援
	必要に応じて選択	

（出典）（一般社団法人）日本テレワーク協会「テレワーク関連ツール一覧」7.0ｓ版

(3)　システム方式の選定

　社内の業務用ソフトウェアを社外でも利用できるようにするにあたって
は，そのためのシステム方式を選択する必要があります。選択可能なシス

テム方式としては，VDI（仮想デスクトップ）方式，クラウドアプリ利用方式，リモートデスクトップ方式，ファイル持出方式の4つが挙げられます。

①　仮想デスクトップ方式

　仮想デスクトップ方式は，社内のサーバーから提供される仮想デスクトップに，手元にあるパソコンからアクセスするものです。作業したデータはサーバーに保存され，手元のパソコンには残りません。また，仮想デスクトップでは，利用者が勝手にソフトウェアをインストールすることを防止することができ，ソフトウェアのアップデートも管理者が行うことができます。

　セキュリティ面での信頼度は高いといえますが，導入時に専用サーバーやVPN（Virtual Private Network：公衆回線上に仮想的に作られた専用回線）などを設置する必要があります。業務中に専用サーバーに不具合が生じると多額の損失につながりかねないことから，システム開発業者にシステム構築を依頼することが一般的です。そのため，初期コストが高額になるケースが多く，この方式は，主にセキュリティを重視する大手企業等で導入されています。

②　クラウドアプリ利用方式

　クラウドアプリ利用方式は，クラウドサービスを提供する事業者のサーバーをインターネット経由で利用して業務を行うものです。アプリケーションで作業したデータはクラウド上に保存されるため，非常事態発生時など，社内のパソコンが使用できなくなった場合にも社外のパソコンからアクセスすることができ，BCP対策としても有効です。また，この方式による場合は，自社でサーバーを用意する必要がなく，設備コストがほと

んどかかりません。アプリケーションは月額制や従量課金制で，無料で使用できるものもあり，コスト面での負担も少なくすみます。

　しかし，外部事業者のサーバーを利用するため，仮想デスクトップ方式と比べると，セキュリティ面で弱いと考えられます。また，自社内で開発したソフトウェアには，この方式を利用することができません。

③　リモートデスクトップ方式

　リモートデスクトップ方式は，社内に設置されたパソコンの画面をテレワーク用パソコンの画面に転送するものです。新しいシステムを構築する必要はなく，社内に設置されたパソコンがインターネットにつながっていれば，専用アプリケーションや USB キー 1 本で実施することができます。導入までの障壁が少なく，既存のシステムをそのまま利用できるメリットもあります。遠隔操作で作業するため，手元のパソコンにデータが残らず，保存したファイルは社内に設置されたパソコンに保存されるため，情報漏えいが起きにくいというメリットもあります。

　ただ，この方式を利用する場合は，社内に設置しているパソコンの電源を常時通電しておく必要があるため，利用人数の増加に伴いコストが増大する可能性があります。

④　ファイル持出方式

　ファイル持出方式は，社内で使用しているパソコンを社外に持ち出す，またはネットドライブや VPN を用いて，社外のパソコンに業務ファイル等をダウンロードし，社外のパソコンで業務用アプリを実行するものです。この方式では従業員が使い慣れたパソコンをテレワークでも利用できるというメリットがあります。また，他の方式より導入時のコスト負担も軽くなります。

　しかし，外部に持ち出されたパソコンがウイルスに感染した場合，LANに接続している全てのパソコンにウイルスが広がるリスクがあります。また，社外に持ち出した際に盗難にあったり，置き忘れたりした場合，情報漏えいが発生するリスクもあります。そのため，この方式による場合は，ウイルス感染防止対策や紛失時の情報漏えい防止対策など，安全対策を十分に講じる必要があります。

⑷　インターネット環境の整備

　自宅等でテレワークを行うためには，従業員の自宅にインターネット環境があることが必要となります。インターネット環境を築く方法は，いくつかあります。

　一つは，光回線やADSLなどの固定回線を導入することです。高速で安定した通信が可能となり，データ容量無制限で使用することができるため，WEB会議を行うことが多い場合は，この方法を選択することがよいと思われます。ただ，初期工事が必要なため工事費がかかり，申し込みから使用できるようになるまでの時間もかかります。

　インターネット環境を即時に構築したい場合は，持ち運び可能なモバイルルーターを導入する方法があります。工事の必要がなく，申込から使用できるまでの時間が短く，月額使用料も少なく済みます。外出先にも簡単に持ち出すことが可能であるため，在宅勤務とモバイル勤務の両方を行う場合に便利です。ただ，通信制限が設けられていることが多く，また，他の電波と干渉を起こしやすいため，場所によっては期待する回線速度が得られない場合があります。

　このほか，スマートフォンのデザリング機能を利用することも可能です。ただ，この方法では，データ通信量の上限に達しやすく，バッテリーの減りも早くなります。また，電話がかかってくるとインターネットの接続が

切れることがあります。

　在宅勤務を恒常的に実施する場合は，固定回線を導入することとし，回線設定の工事が完了するまでの期間は，レンタルのモバイルルーターを使用することが考えられます。レンタルにすれば費用が抑えられ，不要になった際に返却することができます。

(5)　作業環境の整備

　テレワークガイドラインでは，「自宅等でテレワークを行う際の作業環境整備の留意点」として，テレワークを行う作業場が，労働者の自宅等である場合には，事務所衛生基準規則，労働安全衛生規則，及び情報機器作業における労働衛生管理のためのガイドラインは一般には適用されないとしています。しかし，その一方で，安全衛生に配慮したテレワークが実施されるよう，事業者はテレワークを行う労働者に教育・助言等を行い，テレワークガイドラインの「自宅等においてテレワークを行う際の作業環境を確認するためのチェックリスト（労働者用）」（巻末資料１別紙２）を活用して自宅等の作業環境に関する状況の報告を求め，必要な場合には労使が協力して改善を図り，サテライトオフィス等の活用等を検討することが重要だとしています。また，厚生労働省のサイトでは，「自宅等でテレワークを行う際の作業環境整備イメージ図」【図表2-3】が示されています。

　従業員の自宅等の作業環境の整備は，安全衛生の面だけでなく，作業効率の向上やセキュリティ対策の面からも重要です。そのため，従業員に自宅等でテレワークを行わせる際には，自宅等の作業環境を事前に申告させて確認し，従業員と話し合い，実施頻度や作業内容に合わせて必要な環境を整備することが望まれます。

図表2-3　自宅等でテレワークを行う際の作業環境整備イメージ図

自宅等でテレワークを行う際の作業環境の整備について

部屋
・作業等を行うのに十分な空間が確保されているか　(参考：事務所則第2条)　設備の占める容積を除き、10m³以上の空間とする
・転倒することがないよう整理整頓されているか

窓
・空気の入れ換えを行うこと
(窓の開閉や換気設備の活用)
・ディスプレイに太陽光が入射する場合は、窓にブラインドやカーテンを設けること
(参考：事務所則第3条、情報機器作業ガイドライン)

照明
・作業に支障がない十分な明るさにすること
(参考：事務所則第10条、情報機器作業ガイドラインでは机上は照度300ルクス以上とする)

室温・湿度
・冷房、暖房、通風などを利用し、作業に適した温度、湿度となるよう、調整をすること
(参考：事務所則第5条、情報機器作業ガイドライン)
室温18℃~28℃
相対湿度40%~70%
を目安とする

机・椅子・PC
・目、肩、腕、腰に負担がかからないよう、椅子や、ディスプレイ、キーボード、マウス等を適切に配置し、無理のない姿勢で作業を行うこと
(参考：情報機器作業ガイドライン)

「机」、「椅子」、「PC」については、無理のない姿勢で作業を行うために、情報機器作業ガイドラインで以下のとおりに示しています。

机
・必要なものが配置できる広さがある
・作業中に脚が窮屈でない空間がある
・体型に合った高さである、又は高さの調整ができる

椅子
・安定していて、簡単に移動できる
・座面の高さを調整できる
・傾きを調整できる背もたれがある
・肘掛けがある

PC
・輝度やコントラストが調整できる
・キーボードとディスプレイは分離して位置を調整できる
・操作しやすいマウスを使う
(※)ディスプレイ画面の明るさ、書類及びキーボード面における明るさと周辺の明るさの差は小さくすること

※事務所則：事務所衛生基準規則
情報機器作業ガイドライン：情報機器作業における労働衛生管理のためのガイドライン

(出典) 厚生労働省「自宅等でテレワークを行う際の作業環境整備」

　なお，コロナ禍では，急遽のテレワークの実施により，従業員が作業スペースを確保することができず，自宅のトイレや風呂場にこもって仕事をしたり，駐車場にとめている車の中で WEB 会議をしたというケースなどが報告されています。作業環境が整ってないなかでのテレワークは，作業効率が悪いだけでなく，腰痛や肩こり，頭痛や視力低下を招き，労働災害に発展する可能性があります。

　アフターコロナにおいてテレワークを継続実施する場合は，作業効率アップによる労働生産性の向上および従業員エンゲージメントの向上を図り，労災発生リスクを低減させることを目的として，従業員の自宅等の作業環境の整備に取り組むことが求められます。具体的対応としては，従業員の自宅等の作業環境の確認，テレワークに適した作業環境整備に役立つ情報の提供，助言・指導の実施，テレワークに適した椅子などの支給や購入補助，サテライトオフィスの設置やコワーキングスペース利用料の補助などが挙げられます。なお，テレワークの普及・促進を図る企業では，従業員の自宅等の作業環境の整備を進めるため，万単位の在宅勤務手当を支給しているところもあります。

3　情報セキュリティ対策

(1)　テレワークの情報セキュリティリスク

　企業にとって，業務にかかわる情報は，すべて大切な「資産」です。テレワークでは，従業員の自宅など，社外で情報を取り扱うことになるため，情報セキュリティ対策がしっかりとられていないと，ウイルスに感染したり，不正アクセスによる情報漏えい等が発生するリスクが高まります。

　独立行政法人情報処理推進機構（IPA）では，「情報セキュリティ 10 大

脅威」を毎年公表していますが，2021年には，「テレワーク等のニューノーマルな働き方を狙った攻撃」が，「ランサムウェアによる被害」，「標的型攻撃による機密情報窃取」に次いで初めて3位にランクインしました【図表2-4】。コロナ禍で多くの企業がテレワークを導入し，従業員が自宅等からVPN経由で社内システムにアクセスしたり，WEB会議を行うなど，業務の遂行方法が大きく変化しました。業務遂行環境が急激に変化するなかで，急なテレワークの導入による管理体制の不備をついて攻撃されたり，セキュリティレベルの低い従業員の自宅のネットワークや私物のパソコンを狙った攻撃を受けてウイルスに感染したり，ソフトウェアの脆弱性を悪用されてテレワーク用の認証情報等を窃取されるなどの被害も多発するようになりました。

図表2-4　情報セキュリティ10大脅威2022

昨年順位	個人	順位	組織	昨年順位
2位	フィッシングによる個人情報等の詐取	1位	ランサムウェアによる被害	1位
3位	ネット上の誹謗・中傷・デマ	2位	標的型攻撃による機密情報の窃取	2位
4位	メールやSMS等を使った脅迫・詐欺の手口による金銭要求	3位	サプライチェーンの弱点を悪用した攻撃	4位
5位	クレジットカード情報の不正利用	4位	テレワーク等のニューノーマルな働き方を狙った攻撃	3位
1位	スマホ決済の不正利用	5位	内部不正による情報漏えい	6位

8位	偽警告によるインターネット詐欺	6位	脆弱性対策情報の公開に伴う悪用増加	10位
9位	不正アプリによるスマートフォン利用者への被害	7位	修正プログラムの公開前を狙う攻撃（ゼロデイ攻撃）	NEW
7位	インターネット上のサービスからの個人情報の窃取	8位	ビジネスメール詐欺による金銭被害	5位
6位	インターネットバンキングの不正利用	9位	予期せぬIT基盤の障害に伴う業務停止	7位
10位	インターネット上のサービスへの不正ログイン	10位	不注意による情報漏えい等の被害	9位

（出典）独立行政法人情報処理推進機構「情報セキュリティ10大脅威2022」

　情報セキュリティリスクが顕在化すれば，企業活動が停止するだけでなく，企業の信用が失墜する事態につながる可能性があります。そのため，テレワークの実施に際しては，情報セキュリティ対策を適切に行うことが重要となります。

⑵　テレワークで想定される脅威の例

①　マルウェア感染

　マルウェアとは，不正かつ有害な動作を行う目的で作成された悪意あるソフトウェアや悪質なプログラムの総称です。マルウェアに感染した場合，データ破壊による業務停止やデータの外部送信による情報漏えいが発生する可能性があります。

　昨今話題になっているランサムウェアも，マルウェアの一種です。マルウェアに感染すると，感染した端末をロックされたり，端末上のデータを暗号化して使用不能にするなどされたうえで，復旧を条件に脅迫され，金銭が要求されたりします。

②　不正アクセス

　不正アクセスは，コンピュータのハードウェアやソフトウェアに存在する脆弱性を悪用して，アクセス権限を持たない第三者が内部に侵入したり，ID・パスワードを無断で利用して利用者に提供されているサービスを受けたりする行為を指します。

　不正アクセスが発生すると，情報漏えいが発生し，情報漏えいに伴う損害賠償請求を受けるほか，取引先からの信用失墜や取引停止につながる可能性があります。

③　端末の紛失・盗難

　テレワーク端末の紛失・盗難があった場合，情報漏えいが発生し，情報漏えいに伴う損害賠償請求を受けるほか，取引先からの信用失墜や取引停止につながる可能性があります。

④　情報の覗き見・盗聴

　テレワーク端末の画面を第三者に覗き見されたり，第三者がオンライン会議の URL を不正に取得したり，あるいはカフェなどの無線アクセスポイントを利用した際に第三者に無線経由で通信内容を盗聴されたりすることで，情報漏えいが発生するリスクがあります。また，情報漏えいに伴う損害賠償請求を受けるほか，取引先からの信用失墜や取引停止につながる可能性があります。

(3)　テレワークセキュリティガイドライン

　総務省の「テレワークセキュリティガイドライン」（以下，「セキュリティガイドライン」といいます）では，情報セキュリティ対策について，「ルール」，「人」，「技術」の三位一体のバランスがとれた対策を講じるこ

とがポイントだとしています。

　テレワークを実施するにあたり，従業員の自宅等のテレワーク環境が情報セキュリティの面で安全かどうかを個々に判断することは難しいことから，組織的対策として，安全を確保できるテレワークの実施方法を「ルール」として定めておくことが求められます。しかし，ルールを定めても実際に守られなければ意味がありません。そのため，人的対策として，テレワークを行う従業員に対して教育・研修等を実施し，テレワークで業務を行う際に守るべきルールを周知し，浸透させることが必要となります。そして，このような組織的対策や人的対策だけでは対応しきれない部分について技術的対策を講じます。

　セキュリティ対策を厳重にすれば情報漏えいリスクは低減されますが，一方で作業効率が低下することが想定され，セキュリティ対策にかかる費用も膨らみます。不必要に厳重なセキュリティ対策は，かえってルール違反を誘発する原因にもなりかねません。「漏えいが発生したら経営を左右する情報は何か」，「その情報が漏れたら何が起こるか，どのような形で漏れる可能性があるか」を考えることで，どのレベルまで対応すべきか見当がつくと思われます。業種や業態，個々の業務内容や取り扱う情報の機密性のレベルに鑑みて情報セキュリティポリシー（情報セキュリティに関する企業の方針や行動指針）を定め，情報セキュリティポリシーに則った対策を講じることが求められます。

　また，セキュリティガイドラインでは，経営者，システム・セキュリティ管理者，テレワーク勤務者がそれぞれの立場からセキュリティの確保に関して必要な役割を認識し，適切に担っていくことが大事だとしています。

図表2-5　　セキュリティ確保に関する立場に応じた主な役割

■経営者の役割
① テレワークセキュリティに関する脅威と事業影響リスクの認識
② テレワークに対応したセキュリティポリシーの策定
③ テレワークにおける組織的なセキュリティ管理体制の構築
④ テレワークでのセキュリティ確保のための資源（予算・人員）確保
⑤ テレワークにより生じるセキュリティリスクへの対応方針決定と対応計画策定
⑥ テレワークにより対応が必要となるセキュリティ対策のための体制構築
⑦ 情報セキュリティ関連規程やセキュリティ対策の継続的な見直し
⑧ テレワーク勤務者に対するセキュリティ研修の実施と受講の徹底
⑨ セキュリティインシデントに備えた計画策定や体制整備
⑩ サプライチェーン全体での対策状況の把握

■システム・セキュリティ管理者の役割
① テレワークに対応した情報セキュリティ関連規程やセキュリティ対策の見直し
② テレワークで使用するハードウェア・ソフトウェア等の適切な管理
③ テレワーク勤務者に対するセキュリティ研修の実施
④ セキュリティインシデントに備えた準備と発生時の対応
⑤ セキュリティインシデントや予兆情報の連絡受付
⑥ 最新のセキュリティ脅威動向の把握

■テレワーク勤務者の役割
① 情報セキュリティ関連規程の遵守
② テレワーク端末の適切な管理

③　認証情報（パスワード・IC カード等）の適切な管理

④　適切なテレワーク環境の確保

⑤　セキュリティ研修への積極的な参加

⑥　セキュリティインシデントに備えた連絡方法の確認

⑦　セキュリティインシデント発生時の速やかな報告

（出典）総務省「テレワークセキュリティガイドライン（第5版)」（一部抜粋）

⑷　中小企業における情報セキュリティ対策

　中小企業の場合，情報セキュリティの重要性を理解していても，IT について十分な知識を有する従業員がいなかったり，セキュリティ対策にかけられる予算が限られていたりすることが少なくありません。

　総務省では，セキュリティの専任担当がいないような中小企業等におけるシステム管理担当者（専門用語について仕組みの詳細まではわからないが，利用シーンがイメージできるレベルの方）を対象として，テレワークを実施する際に最低限のセキュリティを確実に確保してもらうために，「中小企業等担当者向けテレワークセキュリティの手引き（チェックリスト)」（以下，「中小企業向けチェックリスト」といいます。）を作成・公表しています。中小企業向けチェックリストでは，実現可能性が高い，必要最低限のセキュリティ対策について，仕様端末を会社支給端末と個人所有端末に分けて，さらに実施するテレワークの方式を① VPN/ リモートデスクトップ方式，②クラウドサービス方式，③スタンドアロン方式，④セキュアブラウザ方式に分けて，使用端末と実施方式の組み合わせごとに想定される脅威に対して実施すべき対策が具体的に示されています。

　このほか，テレワーク関連用語もわかりやすく解説されています。テレワークを行う従業員が常に反復して気をつけるべきことや，もしもの時の

図表2-6　従業員向けハンドブック

※テレワーク時には、本ハンドブックを常に携行すること。

やらなくてはいけないこと

1. 盗難、紛失防止のためテレワーク端末は、外出時も常に肌身離さず携帯する。
2. テレワーク端末の画面を横や後ろから覗かれないように注意する。
3. 自宅でも席を立つ前にはテレワーク端末にロックをかける。
4. テレワーク端末、無線ルーター、ウイルス対策ソフトに常に最新のパッチ、ファームウェア、定義ファイルを適用する。
5. フリーWi-Fiに接続後、業務をする際はURL「https://」から始まるサービスだけ使う。

やってはいけないこと

1. 業務で取り扱うデータを許可無く私物（テレワーク端末、USB、クラウドサービス等）にコピーしない。
2. 不審なメールの添付ファイルやURLをクリックしない。
3. 不審なウェブサイトにアクセスしない。
4. パスワード等のメモをパソコンに貼らない。
5. 提供元が不明もしくは、よく分からないアプリケーションを安易にインストールしない。

困ったときにやること

1. 管理部門の担当者へ連絡
   ・メール：abcdef@xxxx.co.jp
   ・電話　：000-0000-0000
2. パソコンをネットワークから切断する。
3. パソコンの電源をOFFにする。

こんなときは、すぐに担当者に連絡！
・不審なメールの添付ファイルやURLをクリックしちゃった。
・パソコン、携帯電話、USB等を紛失しちゃった。
・アプリケーションをインストールしたら急にパソコンが重くなった。等々

（出典）総務省「従業員向けハンドブック（第3版）」（令和4年5月）

連絡先等を記載した，財布や名刺入れなどにいれて携行できる形態の「従業員向けハンドブック」も作成・公表されており，セキュリティの専任担当がいない中小企業において対応できるように工夫されています。

⑸　テレワーク勤務者が遵守すべき事項

　セキュリティガイドラインでは，テレワークにおける情報セキュリティにおけるテレワーク勤務者の基本的な役割は，企業が定めたルールの重要性を理解し，遵守することであるとしています。定められたルールを守って作業することで，情報漏えい等の事故の発生を防ぐだけでなく，万一，テレワーク勤務中に事故が発生した場合でも，ルールを守って作業をしていれば，服務規律違反やセキュリティ規程違反に基づく懲戒処分や損害賠償請求を受けるリスクを回避することができます。会社が定めたルールを遵守することは，会社を守るだけでなく，従業員自身も守るという意識を浸透させることが大事です。

図表2-7　テレワーク勤務者が遵守すべき事項の例

①　情報セキュリティ関連規程の遵守
　情報セキュリティ規程で定められた事項を遵守し，求められている情報セキュリティ対策を自身が適切に実施しているかを確認する。
②　テレワーク端末の適切な管理
　テレワークで使用するパソコンやスマートフォン等を常に最新のセキュリティ状態に保つようアップデートし，紛失や盗難を発生させないよう注意する。
③　認証情報の適切な管理
　パスワードやICカード等の認証情報を適切に管理し，パスワードは第三者に推測されにくいものを用いる。
④　適切なテレワーク環境の確保

第三者から覗き見や盗み聞きをされないように，テレワークに適した環境で作業する。また，自宅等の無線 LAN やルータ等のセキュリティ対策を適切に行う。

⑤　セキュリティ研修への積極的な参加

情報セキュリティ規程の内容や最新のセキュリティ動向を把握するため，会社が実施するセキュリティ研修等に積極的に参加する。

⑥　事故やトラブルに備えた連絡方法の確認

セキュリティ上の事故やトラブルが発生した際に，どこに対して，どのような内容を報告し，どのような行動を取ればよいかをあらかじめ確認する。

⑦　セキュリティ事故発生時の速やかな報告

テレワークで使用する端末を紛失した場合や不審なメールやファイルを受信した場合，また，端末の挙動に不審な点を感じた場合は，速やかに報告する。報告に迷うような事象も幅広く報告する。

(出典) 総務省「テレワークセキュリティガイドライン（第5版）」を基に作成

　事故を未然に防ぐためには，従業員のセキュリティ意識を向上させるための教育を実施することが重要となります。ただ，教育の実施にあたり，情報セキュリティ教育用コンテンツを作成することは手間がかかることから，IPA などの公的機関が公表しているテレワーク勤務者向けの教育用ツールを活用することをお勧めします。IPA が公開している YouTube 動画，「妻からのメッセージ～テレワークのセキュリティ～」では，自宅等でテレワークを行う従業員が情報セキュリティを確保するために行うべき具体的対策が10分間ほどのドラマにまとめられており，テレワークで働く従業員の情報リテラシーや情報モラルの向上に役立つ内容となっています。

　また，テレワークを行う際は，Wi-Fi（無線 LAN）のセキュリティ確保が重要となることから，総務省では「Wi-Fi 利用者向け簡易マニュア

ル」を発行し，「接続するアクセスポイントをよく確認しよう」，「正しい
URL で HTTPS 通信をしているか確認しよう」，「自宅に設置している機
器の設定を確認しよう」と，３つのセキュリティ対策のポイントを示して
います。さらに，わかりやすく解説した動画，「これだけは知っておきた
い無線 LAN セキュリティ対策」も配信されています。

　こうした公的機関が作成した無料のマニュアルや動画を利用して従業員
教育を実施することは，テレワークの情報セキュリティ対策として有効で
す。

(6) 情報セキュリティの技術的対策

　情報セキュリティの技術的対策は多岐にわたります。具体的には，社内
システムへのアクセス管理，ユーザ認証，ファイアウォールの設置，デー
タの暗号化，デジタル署名の導入，ウイルススキャンの実施，セキュリ
ティホールの撲滅，VPN の活用，シンクライアントシステムの導入，不
正侵入の検知・防御サービスの導入などがあげられます。

　ただ，情報セキュリティの脅威と対策は，常に「いたちごっこ」の関係
にあり，情報セキュリティのための製品やサービスを導入していても，
100％大丈夫ということはありません。また，技術的対策は，強化すれば
するほど費用がかかり，作業時の手間が増えたり，応答速度が遅くなるな
ど使い勝手が悪くなり，業務効率に影響することがあります。そのため，
技術的対策の導入については，費用対効果と使い勝手の両面から検討し，
取り扱う業務内容や企業風土，取り扱う情報の重要性などを踏まえたうえ
で，バランスの良い対策を講じることが大切です。なお，情報セキュリ
ティの技術的対策の例 としては，次のものが挙げられます。

①　アクセスの管理・制限

　不正アクセスや外部からの攻撃を防ぐため，社内システムやアプリケーションへのアクセスが従業員本人によるものであることを認証する本人認証や，あらかじめ登録された端末からのアクセスのみを許可する端末認証などを講じることが望まれます。また，テレワーク用端末を従業員本人しかログインできないようにする方法としては，指紋認証，動脈認証，顔認証など個人がもつ固有の生体的特徴を認証に用いる方法や，個人専用USB型認証キー，ワンタイムパスワードの利用などがあげられます。

②　暗号化

　パソコンに内蔵されたハードディスク内のデータを暗号化しておくことで，パソコンの紛失・盗難などの事故が発生した場合でも，パソコン内の情報が漏えいするリスクを低減することができます。会社と自宅等との間でUSBを利用して情報を持ち運びする際は，暗号化機能やパスワードロック機能などが付いた情報漏えい対策機能付きUSBメモリを利用することが望まれます。

③　ウイルス対策

　テレワーク用端末にウイルス対策ソフトを導入して，ウイルスの早期探知および駆除を行うことができるようにしておきます。最近は，不正アクセス検知や不正プログラム検出など，多様な悪意あるソフトウェアに対して有効な製品が増えています。導入したソフトウェアを常に最新の状態に保ち，定期的にウイルススキャンの実施を徹底することも大事です。

④　安全なネットワーク

　ネットワークを通じてやり取りされる情報やネットワークを支える機

があります。

(7) テレワークでの特定個人情報の取扱い

マイナンバーを含む個人情報（以下，「特定個人情報」といいます。）の業務上の取扱いについては，個人情報保護委員会の「特定個人情報の適正な取扱いに関するガイドイン（事業者編）」（以下，「特定個人情報ガイドライン」といいます。）を踏まえた対応が必要となります。

特定個人情報ガイドラインでは，特定個人情報を従業員の自宅等において取り扱うことについて，特定個人情報等を取り扱う事務を実施する区域について，従業員以外の者が容易に閲覧等できないようにする措置が適切に講じられていれば問題ないとしています。特定個人情報ガイドラインを踏まえた対応としては，壁を背にできる場所に机を設置するなど覗き見される可能性が低い場所で作業するように指示したり，自宅等の作業場所の写真や見取り図などを提出させて，事前に作業環境を確認することが考えられます。

(8) 従業員の私物端末を業務に利用させる場合の情報セキュリティ対策

従業員が個人所有のスマートフォンやパソコンなどの私物端末を業務に利用する BYOD は，会社と従業員の双方にとって次のようなメリット・デメリットがあります。

> **■従業員にとってのメリット**
> - 好きな端末を選択できる
> - 使いなれた私物端末を使うことで作業効率が上がる
> - 最新機種のスマートフォンや最新の OS をいち早く利用できる

- 業務用端末と私物端末の2台持ちをしなくてすむ
- 業務用メールやスケジュール確認の業務をこなせ，私用メールも確認できる
- 常時携帯しているので，いつでもどこでも仕事ができる

■**会社にとってのメリット**
- 端末の購入代金がかからない
- 端末の貸与時や機種変更時のトレーニングが不要
- 通信費・パケット料金等の基本料金を従業員負担にした場合，経費が発生しない
- 端末管理や故障対応などの管理部門における業務が不要

■**従業員にとってのデメリット**
- 業務上発生した通信費を自己負担させられる場合がある
- ソフトウェアやアプリケーションのインストールについて，制限を受ける場合がある
- いつでもどこでも仕事ができることで，労働時間が長時間化したり，不規則になる可能性がある。
- 紛失したり盗難にあったりした場合に，会社から責任を問われる可能性がある
- トラブル発生時に会社から端末の提出を求められた場合，プライバシーが侵害される可能性がある

■**会社にとってのデメリット**
- 業務用データと従業員のプライベートデータが混在する
- セキュリティレベルが十分でない場合がある
- 業務外でどのような使われ方がされているのか完全にチェックすること

- ができない
- 労働時間が増加する可能性がある
- 従業員が不正なソフトウェアやアプリケーションをインストールしてウイルス感染した場合，社内システムもウイルス感染する可能性がある
- 私物端末の中に前職の営業秘密やデータが残っていた場合，不正競争防止法違反を問われる可能性がある
- 退職する際に，私物端末の中にある会社の営業秘密や社内データをもっていかれる可能性がある
- 従業員が社外から社内システムにアクセスして営業秘密や社内データを取得し，個人で利用しているクラウドサーバに預けた場合，不正取得の証拠が残りにくく，情報漏えいなどのトラブルを発生させる温床になりやすい
- トラブル発生時に従業員に私物端末の提出を求めた場合，プライバシーを理由に拒否される可能性がある
- 紛失・盗難等により個人情報が漏えいした場合に，会社の責任が問われる可能性がある

　このように，会社にとってBYODは，作業効率のアップや経費削減などのメリットがある一方で，情報セキュリティ上のリスクが大きいことから，リスク回避の観点からBYODを禁止している企業は少なくありません。コロナ禍では，テレワークに必要なパソコンやスマートフォンを調達することができず，なし崩し的にBYODを実施したところもあると思われますが，BYODを恒常的に認めるのであれば，会社の方針を明確にし，BYODに関する規程（第4章3［規程例2］参照）を作成して従業員に周知し，徹底させることが大事です。

　また，BYODの利用ルールを明確にし，情報セキュリティに関する従業員の意識を高めるためには，BYOD規程とは別に，具体的な遵守事項

や禁止事項を示した行動指針を作成することがよいと思われます。行動指針に記載すべき事項としては，主に次のような事項が挙げられます。

- BYOD の利用申請手続き
- 指定外クラウドサービス等の利用禁止
- 業務用データとプライベートデータの保存場所の区分
- アカウントおよびアプリケーションの使い分け
- アプリケーションダウンロード時における注意事項
- 許可されていないサイト・システムへのアクセス制限
- 位置情報取得に関する注意事項
- 故障時の対応
- 紛失・盗難発生時における連絡方法および対応
- バックアップおよび同期に関する注意事項
- データの保存場所に関する注意事項
- 私物端末にかかる費用負担の取扱い
- BYOD 終了時の手続き

第 **3** 章

労務管理体制の整備

1　テレワークガイドライン

　継続的にテレワークを実施するにあたっては，従業員がテレワークという働き方をすることを前提とした労務管理体制の整備が必要となります。テレワークの労務管理については，2018年2月22日に，厚生労働省が「情報通信技術を利用した事業場外勤務の適切な導入及び実施のためのガイドライン」を公表しました。ガイドラインでは，テレワーク勤務者に関する労働基準法や労働安全衛生法上の留意点，長時間労働防止対策，労働災害補償に関する事項など，テレワークを導入する際の労務管理上の留意点が示されました。

　その後，新型コロナウイルス感染症によるパンデミックが発生し，BCP対策としてテレワークを導入・実施する企業が事業規模を問わず急増したことを踏まえ，厚生労働省では，新しい日常，新しい生活様式に対応した働き方として，テレワークのさらなる導入・定着を図ることを目的として，2021年3月25日に「テレワークの適切な導入及び実施の推進のためのガイドライン」（テレワークガイドライン）を公表しました（巻末掲載資料1）。刷新されたテレワークガイドラインでは，テレワーク勤務者の労働時間管理や健康管理に関する事項のほか，人事評価，テレワークにかかる費用負

担などについても解説されています。

　ニューノーマル時代における自社に適したテレワーク体制の整備にあたっては，テレワークガイドラインに則した労務管理体制を整備することが求められます。

2　労働時間の管理

(1)　テレワークに適用できる労働時間制

　テレワークでは，労働基準法が定めるすべての労働時間制を適用することが可能です。テレワークを導入済みの企業では，通常勤務者に適用している労働時間制をそのままテレワーク勤務者に適用するケースが少なくありません。特に，通常勤務とテレワーク勤務の両方を行う従業員がいる場合は，同じ労働時間制を適用することで，労働時間の管理が行いやすくなります。

　一方で，場所や時間に縛られない柔軟な働き方の実現を目的としてテレワークを導入した企業では，フレックスタイム制や事業場外みなし労働時間制などの労働時間制を新たに導入し，テレワーク勤務者に適用するケースも少なくありません。

　どの労働時間制を適用する場合でも，企業はテレワークで働く従業員の労働時間を把握し，管理する義務があります。

(2)　労働時間を把握する方法

　労働時間の管理については，「労働時間の適正な把握のために使用者が講ずべき措置に関するガイドライン」（以下，「労働時間適正把握ガイドライン」といいます）（巻末掲載資料2）を踏まえた対応が必要とされます。

労働時間適正把握ガイドラインでは、「使用者は、労働時間を適正に把握するため、労働者の労働日ごとの始業・終業時刻を確認し、これを記録すること」とし、始業・終業時刻を確認・記録する方法について、原則として次のいずれかの方法によることとしています。

---

① 使用者が、自ら現認することにより確認し、適正に記録すること
② タイムカード、ICカード、パソコンの使用時間の記録等の客観的な記録を基礎として確認し、適正に記録すること

　テレワーク導入済みの企業では、始業・終業の際に報告を兼ねて電子メールを送らせてその送信時刻を記録したり、上司に電話することを義務付けて電話があった時間を記録する方法がとられています。また、最近は、勤怠管理ツールを導入して、従業員に始業・終業時刻を入力させるケースも少なくありません。　自己申告により労働時間を把握する場合については、労働時間適正把握ガイドラインで、「使用者は、労働者が自己申告できる時間外労働に上限を設け」るなど、「労働時間の適正な申告を阻害する措置を講じてはなら」ず、労働者に対して「適正に自己申告を行う」よう「十分に説明」するとともに、「労働時間を管理する者に対して自己申告制の適正な運用」について説明することが必要であるとしています。そして、申告された時間外に電子メールが送信されていたり、パソコンが起動しているなど、申告された労働時間と実際の労働時間に乖離があることを把握した場合は、労働時間の補正を行う必要があるとしています。
　始業・終業時刻を確認・記録する方法については、それぞれの企業において、職務内容や業務遂行の方法に合わせて行いやすい方法を選択することが良いでしょう。いずれの方法によるとしても、労働時間の確認・記録の方法を定めたら、テレワークを行う従業員やそれらの者を管理する者に周知し、適切な運用を徹底させることが大事です。

　なお，通常の労働時間制を適用する場合に限らず，フレックスタイム制や変形労働時間制などを適用する場合においても，労働時間を適正に把握することが必要とされます。また，事業場外みなし労働時間制や裁量労働制を適用する場合は，みなし時間が実態にあっているか，みなし時間と業務遂行に必要とされる時間に乖離が生じていないかを確認し，確認した結果に応じて，業務量を調整するなどの対応をとることが必要とされます。

(3)　休憩時間

　労働基準法では，休憩時間については，原則として一斉に付与することとされています。テレワークで働く従業員についても，通常勤務の場合と同様に，休憩時間を一斉付与する必要がありますが，一斉休憩の適用除外に関する労使協定を締結することで適用を除外することができます（労働基準監督署への届出は不要）。労使協定の締結により，業務の進捗状況に合わせて従業員の裁量で適宜休憩時間を取得させることが可能となります。

(4)　中抜け時間の取扱い

　自宅等を就労場所とするテレワーク（在宅勤務）では，従業員が就労時間の途中で業務を一時中断して私的活動を行うことが想定されます。特に，育児や介護を理由としてテレワークを行う従業員については，中抜け時間が恒常的に発生することが想定されることから，中抜け時間の取扱いのルールを決めておく必要があります。

　テレワークガイドラインでは，中抜け時間の取扱いについて，「労働基準法上，使用者は把握することとしても，把握せずに始業及び終業の時刻のみを把握することとしても，いずれでもよい」としています。そのうえで，中抜け時間を把握する場合は，労働者に報告をさせて中抜け時間を休憩時間として取り扱い，その時間分終業時刻を繰り下げることや，時間単

位の年次有給休暇として取り扱うことが考えられるとしています。

① 中抜け時間を把握する場合

　2022年6月に厚生労働省が公表した「テレワークモデル就業規則（在宅勤務規程）」では，中抜け時間を把握して休憩時間として取り扱い，その時間分終業時刻を繰り下げる規定の例が示されています。休憩時間や始業・終業時刻に関する事項については，労働基準法第89条により就業規則の絶対的必要記載事項となっていることから，モデル就業規則が定める対応を取る場合は，自社の就業規則にその旨を定める必要があります。

【規定例：中抜け時間を休憩時間とし終業時刻を繰り下げる規定の例】

> 第○条（中抜け時間）
> 1　在宅勤務者は，勤務時間中に所定休憩時間以外に労働から離れる場合は，その中抜け時間について，終業時にメールで所属長に報告を行うこと。
> 2　中抜け時間については，休憩時間として取扱い，その時間分終業時刻を繰り下げること。

（出典）厚生労働省「テレワークモデル就業規則（在宅勤務規程）」

　一方，中抜け時間を時間単位の年次有給休暇として取り扱う場合は，年次有給休暇の時間単位の取得に関する労使協定を締結し（労働基準監督署への届出は不要），対象となる労働者の範囲や時間単位年休の日数，1日分の年次有給休暇に相当する時間数，1時間以外の時間を取得単位とする場合は，その時間数を定めることが必要です【書式例1】。

　時間単位の年次有給休暇の付与は，前年度からの繰り越し分も含めて5日分以内としなければなりません。1日分の年次有給休暇に相当する時間数は，所定労働時間を基に定めますが，日によって所定労働時間が異なる場合は，1年間における1日平均所定労働時間に基づいて定めます。また，

【書式例1】 時間単位の年次有給休暇に関する労使協定書の例

時間単位の年次有給休暇に関する協定書

株式会社○○○○と従業員代表○○○○は，年次有給休暇の時間単位での付与に関し，次のとおり協定する。

（対象者）

第1条　時間単位での年次有給休暇の付与の対象者は，全従業員とする。

（取得日数の上限）

第2条　年次有給休暇を時間単位で付与する日数は，各年度において各従業員に付与されている年次有給休暇（前年度において未消化の年次有給休暇を含む。）のうち，5日以内とする。

（1日分の年次有給休暇に相当する時間数）

第3条　年次有給休暇の時間単位の付与について，1日分の年次有給休暇に相当する時間数は8時間（所定労働時間）とする。但し，1日の所定労働時間が個別の契約による従業員については，個別の契約で定めた所定労働時間とする。

　　2　前項の場合において，所定労働時間について時間に満たない端数があるときは，時間単位に切り上げる。

（取得の単位）

第4条　年次有給休暇を時間単位で付与する場合は，○時間単位で付与するものとする。

（申請手続）

第5条　時間単位の年次有給休暇の申請については，所定の申請書を所属長に提出するものとする。

（有効期間）

第6条　本協定の有効期間は，○年○月○日から1年間とする。但し，有効期間満了日の1か月前までに会社または従業員代表のいずれからも申し出がないときは，有効期間を1年間延長するものとし，以降も同様とする。

○年○月○日

株式会社　○○○○

代表取締役　○○　○○　　　　印

従業員代表　○○　○○　　　　印

所定労働時間について時間に満たない端数がある場合は，時間単位に切り上げる必要があります。例えば，所定労働時間が7時間30分の場合は，切り上げて1日8時間とします。1時間以外の時間を取得単位とするときは，その時間数（2時間，3時間など）を定めます。ただし，1時間に満たない分単位で定めることはできません。

なお，時間単位の年次有給休暇の付与は，年次有給休暇が年10日以上付与される労働者について使用者に義務付けられる年5日以上の年次有給休暇の付与としてはカウントされませんので，注意してください。

②　中抜け時間を把握しない場合

中抜け時間を把握しない場合について，テレワークガイドラインでは，始業・終業時刻の間の時間から就業規則に定める休憩時間を除いた時間を労働時間として扱うことが考えられるとしています。この場合，中抜け時間を労働時間として扱うことになります。

テレワークでは，労働時間を厳密に管理するよりも，業務の進捗状況を適切に管理する方が企業として管理しやすく，従業員も働きやすいという面があります。中抜け時間の取扱い方法については，自社におけるテレワークの実施目的や業務内容等を踏まえて検討するとよいでしょう。

(5)　移動時間の取扱い

午前中は自宅やサテライトオフィスなどでテレワークをし，午後から出勤するというような働き方をする場合，就業場所の移動にかかる時間の取扱いは，その時間が使用者の指揮命令下に置かれている時間であるか否かにより異なります。

労働者が自己の都合により就業場所を変える場合に発生する移動時間は，移動中に業務を行うことを義務付けられているなどの特別な事情がない限

り，労働時間として扱う必要がありません。他方，終日テレワークを行う予定であった日に，業務の都合により急遽出社を命じられた場合など，使用者に就労場所の移動を命じられ，その間の自由利用が保障されていない場合は，移動時間を労働時間として扱うことが必要となります。

　このように，移動時間の取扱いについては，その発生状況により取扱いが異なりますが，移動時間の取扱いが不明瞭であると労使間のトラブル発生の元になり得ることから，移動時間の取扱いルールや基本的な考え方については，就業規則等で明確にして従業員に周知しておきましょう。

【規定例：テレワーク勤務時の中抜け時間および移動時間の取扱いについての規定の例】

第○条（テレワーク勤務時の労働時間）
1　1日の労働時間及び休憩時間は，就業規則第○条（労働時間）の定めによる。
2　前項の規定にかかわらず，テレワーク勤務者は，会社の承認を受けて，始業・終業の時刻及び休憩時間を変更することができる。
3　テレワーク勤務中に私用で業務を一時中断する時間は，原則として，休憩時間として扱う。ただし，当該時間について，時間単位の年次有給休暇の申請がなされた場合は，年次有給休暇として扱う。
4　テレワーク勤務中に就労場所を変更する際の移動にかかる時間は，テレワーク勤務者の都合による場合は休憩時間とし，業務命令による場合は労働時間として扱う。

(6)　フレックスタイム制の適用

　フレックスタイム制は，一定の期間についてあらかじめ定めた総労働時間の範囲内で，労働者が自ら始業・終業時刻および労働時間を決めることのできる制度で，テレワークに馴染みやすい制度であると言えます。ただし，フレックスタイム制を適用する場合でも，企業は従業員の労働時間

を把握し，賃金を精算する必要があります。

　フレックスタイム制を導入するにあたっては，フレックスタイム制に関する事項を就業規則に定め，労使協定を締結することが必要です。就業規則には，始業および終業の時刻を労働者の決定に委ねる旨を定め，労使協定では，主に次の事項を定めます。

1．対象となる労働者の範囲
2．清算期間（3ヶ月以内）
3．清算期間における総労働時間（清算期間における所定労働時間）
4．標準となる1日の労働時間
5．コアタイム（必ず勤務しなければならない時間帯）を設ける場合は，その開始および終了時刻
6．フレキシブルタイム（勤務を開始または終了することができる時間帯）を設ける場合は，その開始および終了時刻

　清算期間における総労働時間は，法定労働時間の総枠の範囲内で定める必要がありますが，1か月160時間というように各清算期間を通じて一律の時間を定めたり，清算期間における所定労働日を定めて所定労働日1日当たり○時間といった定め方をすることも可能です。

　なお，フレックスタイム制を適用する場合，時間外労働に関する取扱いが通常の労働時間制を適用する場合と異なります。フレックスタイム制では，清算期間における実際の労働時間のうち，清算期間における法定労働時間の総枠を超えた時間数が時間外労働となります。また，清算期間が1か月を超える場合には，1か月ごとに週平均50時間を超える労働時間について割増賃金の支払いが必要となります。

図表3-1　　清算期間における労働時間の総枠

清算期間における
法定労働時間の総枠　＝　1週間の法定労働時間　＋　清算期間の暦日数／7日

1か月単位		2か月単位		3か月単位	
清算期間の暦日数	法定労働時間の総枠	清算期間の暦日数	法定労働時間の総枠	清算期間の暦日数	法定労働時間の総枠
31日	177.1時間	62日	354.2時間	92日	525.7時間
30日	171.4時間	61日	348.5時間	91日	520.0時間
29日	165.7時間	60日	342.8時間	90日	514.2時間
28日	160.0時間	59日	337.1時間	89日	508.5時間

(7)　事業場外みなし労働時間制の適用

　事業場外みなし労働時間制は，労働者が事業場外で業務に従事した場合において，労働時間を算定することが困難なときに適用される制度です。テレワークは事業場外勤務ですが，必ずしも事業場外みなし労働時間制が適用できるわけではありません。テレワークガイドラインでは，テレワークに事業場外みなし労働時間制を適用するにあたっては，次の2つの要件をいずれも満たすことが必要であるとしています。

①　情報通信機器が，使用者の指示により常時通信可能な状態におくこととされていないこと
②　随時使用者の具体的な指示に基づいて業務を行っていないこと

　①の要件については，次の場合は，いずれも要件を満たすとしています。
・勤務時間中に労働者が自分の意思で通信回線自体を切断できる場合
・労働者が自分の意思で情報通信機器から離れることができ，応答のタイミングを判断することができる場合

・応答を行うか否か，又は折り返しのタイミングを労働者が判断できる場
合

②の要件については，使用者の指示が業務の目的，目標，期限等の基本
的事項にとどまり，一日の作業内容とそれを行う時間等をあらかじめ決め
るなど作業量や作業の時期，方法等を具体的に特定するものでない場合に
要件を満たすとしています。

なお，事業場外みなし労働時間制では，就業規則で定める所定労働時間
または業務の遂行に通常必要とされる時間（通常必要時間）を労働したも
のとみなされます。労使協定の締結等により通常必要時間を労働したもの
として労働時間を算定する方法を選択している場合，労働時間の一部につ
いて事業場内で業務に従事した日については，通常必要時間と事業場内で
業務に従事した時間を合計した時間がその日の労働時間となります。 そ
のため，事業場外みなし労働時間制を導入している企業では，終日テレ
ワークを行う日についてのみ事業場外みなし労働時間制を適用するケース
が見受けられます。

(8) 裁量労働制

裁量労働制は，みなし労働時間制の一つです。専門業務型裁量労働制と
企画業務型裁量労働制の2つの種類があり，いずれも業務の性質上，業務
遂行の手段や方法，時間配分の決定等を使用者が具体的に指示することが
困難であり，労働者の裁量にゆだねる必要がある業務に適用が認められま
す。

専門業務型裁量労働制の対象となる業務は，法令により専門性の高い19
業務に限定されており，すべての業務に適用できるものではありません。
専門業務型裁量労働制の導入にあたっては，原則として所要事項を労使協
定により定めた上で，「専門業務型裁量労働制に関する協定届」を所轄労

働基準監督署長に届け出ることが必要とされます。

　他方，企画業務型裁量労働制は，その企業の事業の運営に大きな影響を及ぼす事業計画や営業計画などの企画，立案，調査，分析を行っている労働者を対象とする制度です。企画業務型裁量労働制を導入する場合は，労使委員会を設置し，所要事項を委員会の5分の4以上の委員の賛成により決議した上で，「企画業務型裁量労働制に関する決議届」を所轄の労働基準監督署長に届け出ることが必要となります。

　裁量労働制を適用する場合も，労使協定または労使委員会での決議で定める時間が法定労働時間を超えるときは，時間外・休日労働に関する協定（いわゆる36協定）を締結し，所轄労働基準監督署へ届け出る必要があり，割増賃金の支払いが必要となります。深夜または休日に労働した場合も，割増賃金の支払いが必要となります

⑼　長時間労働の防止

　テレワークでは，仕事の場所と私生活の場所が同じであるため，仕事と生活の時間の切り替えが曖昧となり，長時間労働になりやすい傾向があります。長時間労働の防止に関して，テレワークガイドラインでは，次のような方法が示されています。

① 　就労時間外におけるメールや電話等による業務の指示や報告について自粛を命じ，ルールを設ける。
② 　休日・所定外深夜における社内システムへのアクセスを制限する。
③ 　時間外・休日・所定外深夜労働を行うための手続きを就業規則に定め，労働可能な時間帯や時間数をあらかじめ設定する。
④ 　長時間労働が生じるおそれのある労働者に対して，社内システムを利用して自動で警告を表示するなど，注意喚起を行う。

⑤　勤務間インターバル制度を適用する。

　就労時間外のメールや電話について，フランスやイタリアなどの諸外国では，労働者が就労時間外のメールや電話による業務上の連絡の受信を拒否できる権利（いわゆる「つながらない権利」）が法律で認められています。就労時間外の緊急性のないメールや電話を規制することは，長時間労働を防止するだけでなく，労働者がプライベートタイムにおいて心身ともに労働から解放されることから，メンタルヘルス対策としても有効であると考えられます。

　また，テレワークを行う日について，時間外労働を原則禁止としたり，時間外・休日・所定外深夜労働が必要な場合には，あらかじめ必要となる時間数を確認して，その時間についてのみ時間外・休日・所定外深夜労働を認めるなど，所定外労働に関する社内ルールを明確にして周知徹底することも，長時間労働を防止するうえで有効であると考えられます。会社が定めたルールに従わず，隠れて働く従業員がいる場合は，テレワーク用パソコンにソフトウェアをインストールして，労働時間が一定時間を超過した場合に自動的に警告が表示されるようにしたり，強制的にパソコンをシャットダウンしたり，社内システムにアクセスできなくするなどの技術的対策を講じることが考えられます。

　働き方改革により労働時間について法的規制が強化されるなかで，長時間労働の防止に積極的に取り組むことは，コンプライアンスの観点からだけでなく，従業員の健康障害を防止し，ワークライフバランスを確保しながら，労働生産性の向上を図るうえでも必要不可欠となっています。

3　費用負担

(1)　費用負担の基本的考え方

　テレワークにかかる費用を会社と従業員のどちらが負担するかについて，法律による定めはありません。ただし，労働基準法第89条第5号により，使用者が労働者に作業用品その他の負担をさせる場合は，就業規則に定めて労働基準監督署に届ける必要があり，テレワークに伴い発生する費用を従業員に負担させる場合は，その旨を就業規則やテレワーク勤務規程等に定めておく必要があります。

　テレワークガイドラインでは，テレワークを行うことによって生じる費用については，通常の勤務と異なり，テレワークを行う労働者がその費用を負担することがあり得ることから，「労使のどちらがどのように負担するのか，また，使用者が負担する場合における限度額，労働者が使用者に費用を請求する場合の請求方法等については，あらかじめ労使で十分話し合い，」就業規則等に定めておくことが望ましいとしています。さらに，「在宅勤務に伴い，労働者個人が契約した電話回線等を用いて業務を行わせる場合，通話料，インターネット利用料などの通信費が増加する場合や，労働者の自宅の電気料金等が増加する場合，実際の費用のうち業務に要した実費の金額を在宅勤務の実態（勤務時間等）を踏まえて合理的・客観的に計算し，支給することも考えられる」としています。

　実際，在宅勤務の実施頻度が高くなると，オンライン会議などを行うための通信機器が必要となるほか，通信費や電気使用料等の費用も嵩みます。総務省の家計調査によると，緊急事態宣言下にあった2020年4月から6月における全国の勤労世帯の電気代は，前年同期比で3%増，水道代は4%

増となっています。厚生労働省の検討会資料「テレワークの労務管理等に関する実態調査（速報版）」三菱UFJリサーチ＆コンサルティング作成（2020年11月16日）では，インターネット通信回線の使用料や事務用品，電話料などの費用を負担している企業は，1割弱にとどまる一方で，テレワークをする従業員にパソコンを貸与している企業は7割を超えており，パソコン周辺機器，スマートフォン・携帯電話，インターネット接続のための通信機器などを貸与している企業の割合も高くなっています。

図表3-2　テレワークをする従業員に会社が貸与または費用負担しているもの

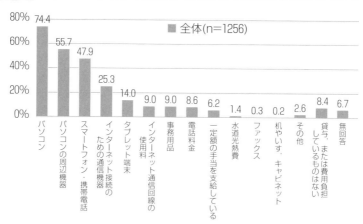

(出典) 厚生労働省「これからのテレワークでの働き方に関する検討会　第4回」（資料1）三菱UFJリサーチ＆コンサルティング「テレワークの労務管理等に関する実態調査（速報版）」

⑵　企業による費用負担の方法

　テレワークにかかる費用を企業が負担するにあたっては，次のように様々な方法が考えられます。企業の方針やテレワークの実施頻度などを踏まえて検討するとよいでしょう。

①　テレワーク用パソコンの貸与

　テレワークで使用するパソコンを従業員に貸与する場合は，業務に必要なソフトウェアの購入費，セキュリティ対策に要する費用等も企業が負担することになります。

②　通信環境整備のための初期費用の負担

　在宅勤務でパソコンを使用する際は，従業員の自宅のインターネット通信回線を利用することになります。従業員の自宅にインターネット接続のための通信機器が設置されていない場合，新たに設置する必要がありますが，設置にかかる費用について，企業が全額または一部を負担することがあります。過去には，新型コロナウイルス感染症対策として全社的にテレワークを実施した企業がアルバイトを含めた全従業員および2021年3月までに入社予定の社員に対して，Wi-Fiルータ等を購入する費用として一律5万円を一時金として支給した例があります。

③　通信回線使用料等の一部負担

　従業員の自宅の通信回線の使用にかかる費用については，本人やその家族も利用可能なものであり，業務利用分と私的利用分を明確に分けることが困難であるため，企業が在宅勤務手当として一定額を支払うことも少なくありません。

④　スマートフォン・携帯電話の貸与・業務利用分の負担

　業務用スマートフォンや携帯電話を従業員に貸与する場合は，機器の購入にかかる費用のほか，通信料や通話料も企業が負担することになります。他方，従業員が個人で所有しているスマートフォンや携帯電話，自宅の固定電話を業務のために使用させる場合は，請求明細などから業務利用分に

ついて確認して会社に請求させ，精算することが考えられます。

⑤　通信費や電気料金等の一部負担

　通信費や電気料金等は，私生活上の使用分との切り分けが難しいですが，テレワークにより増えることが想定される費用に関しては，「在宅勤務手当」や「テレワーク手当」として，毎月一定額を支給する企業が少なくありません。支給額は企業ごとに異なりますが，月額3,000円から5,000円を支給するケースが多く見受けられます。パーソル総合研究所が2020年９月に実施した調査では，在宅勤務手当の新設を決定または検討している企業の割合は23.9％でした。新型コロナウイルス感染症対策としてテレワーク（在宅勤務）を新たに導入したり，テレワークの実施頻度が高くなったことで，在宅勤務手当を支給するケースが増えているものと思われます。

⑥　事務用品等の支給

　テレワークで使用する文具や印刷用紙，印刷用インクなどの事務用品を支給したり，郵便物の郵送にかかる費用を支給することが考えられます。郵送物の発送にかかる費用については，切手，レターパック，宅配メール使用品等を事前に配布したり，自宅から会社に郵送する場合は着払い扱いにするなどの対応をとることが考えられます。

⑦　作業環境整備のための費用負担

　従業員に対してテレワークを推奨している企業では，従業員の自宅の作業環境の整備を目的として，机や椅子，WEB会議用のWEBカメラやマイク付きヘッドフォンなどの購入費に充てるため，月額１万円の「テレワーク促進手当」を全従業員に支給している例があります。この他，コロナ禍において在宅勤務を行う従業員に対して，会社で使用しているパソコ

ンやモニター，事務用椅子等を一時的に自宅に持ち帰ることを許可し，それらの配送にかかる費用を企業が負担した例もあります。

(3)　企業が費用負担した場合の税務上の取扱い

テレワークにかかる費用を企業が支給した場合の税務上の取扱いについては，国税庁が「在宅勤務に係る費用負担等に関するFAQ（源泉所得税関係）」令和3年1月（令和3年5月31日更新）を公表しています。このFAQでは，在宅勤務に関して企業が従業員に支給する金銭や物品等の取扱いについて，次のように示されています。

①　在宅勤務手当の支給

在宅勤務に通常必要な費用について，その費用の実費相当額を精算する方法により，企業が従業員に対して一定の金銭を支給する場合は，給与として課税する必要はありません。

他方，在宅勤務手当として定額の金銭を従業員に支給し，在宅勤務に通常必要な費用として，使用しなかった場合でも返金する必要がないとするものについては，給与として課税されます。例えば，在宅勤務の適用対象者全員に対して，在宅勤務手当として毎月5,000円を一律に支給するような場合は，課税対象となります。

②　情報通信機器や事務用品等の支給

パソコンやスマートフォンなどの情報通信機器や印刷用紙，ボールペンなどの事務用品等を従業員に支給する場合，その所有権を企業が保有して従業員に貸与する場合は，課税対象となりません。例えば，在宅勤務で使用するために支給されたパソコンについて，従業員が自由に処分することができず，使用しなくなったときは返却することとされている場合は，課

税対象となりません。

　他方，支給する情報通信機器や事務用品等の所有権を従業員に移転させ，使用しなくなった際に返却を求めない場合は，現物支給の給与として課税対象となります。

③　作業環境整備にかかる物品の支給

　企業がテレワークを行う従業員の自宅の作業環境の整備を目的として，椅子や机，間仕切り，カーテン，空気清浄機等の物品を支給する場合，それらの所有権を企業が保有したまま従業員に貸与する場合は，課税対象になりません。

　他方，物品の所有権を従業員に移転させ，自由に処分することを認める場合は，現物支給の給与として課税対象となります。

④　通信費等の支給

　電話の通話料については，通話明細書等により業務のための通話にかかる料金を確認して，その金額を従業員に支給する場合には，課税対象となりません。また，電話やインターネットの基本料金やインターネット接続にかかる通信料等について，業務のための使用分を合理的な方法によって計算し，その使用分を支給する場合も，課税対象となりません。例えば，【図表3-3】の計算式により算出した金額を企業が在宅勤務を行う従業員に支給した場合や，この計算式よりも精密な方法で算出した金額を業務使用分として支給する場合は，課税対象とはなりません。

　他方，従業員が個人で所有するスマートフォンの購入代金を業務に利用することを条件として企業が負担した場合や，スマートフォン本体の保証料や，音楽・動画等の定額利用料など業務に使用したとは認められないオプション代金を企業が負担した場合は，課税対象となります。

図表3-3　業務のために使用した通信料等の計算式

$$
\begin{array}{l}
\text{業務のために}\\
\text{使用した基本使}\\
\text{用料や通信料等}
\end{array}
=
\begin{array}{l}
\text{従業員が負担した}\\
\text{1か月の基本使用}\\
\text{料や通信料等}
\end{array}
\times
\dfrac{\text{その従業員の1か月の在宅勤務日数}}{\text{該当月の日数}}
\times
\dfrac{1}{2}
$$

(出典) 国税庁「在宅勤務に係る費用負担等に関するFAQ（源泉所得税関係)」

⑤　電気料金にかかる業務使用分の支給

電気の基本料金および電気使用料については，【図表3-4】の計算式により算出した金額を従業員に支給する場合や，この計算式よりも精密な方法で算出した金額を業務使用分として支給した場合は，課税対象となりません。

他方，在宅勤務を行う際に通常発生しうる電気使用料相当額として定めた金額を在宅勤務適用対象者全員に一律に支給する場合は，課税対象となります。

図表3-4　業務のために使用した電気使用料の計算式

$$
\begin{array}{l}
\text{業務のため}\\
\text{に使用した}\\
\text{基本料金や}\\
\text{電気使用料}
\end{array}
=
\begin{array}{l}
\text{従業員が負担}\\
\text{した1か月の}\\
\text{基本料金や}\\
\text{電気使用料}
\end{array}
\times
\dfrac{\text{業務のために}\ \text{使用した部屋の}\ \text{床面積}}{\text{自宅の床面積}}
\times
\dfrac{\text{その従業員の}\ \text{1か月の}\ \text{在宅勤務日数}}{\text{該当月の日数}}
\times
\dfrac{1}{2}
$$

(出典) 国税庁「在宅勤務に係る費用負担等に関するFAQ（源泉所得税関係)」

⑥　レンタルオフィス等使用料の支給

従業員がレンタルオフィス等を使用してテレワークを行う場合，その使用料について次のような方法により従業員に支給する場合には，課税対象

となりません。

ア　従業員が使用料を立替払いし，領収書等を企業に提出してその代金を精算した場合

イ　企業が従業員に使用料を仮払いし，従業員が領収書等を企業に提出して精算した場合

(4)　社会保険料・労働保険料の算定にかかる取扱い

在宅勤務手当等の社会保険料・労働保険料の算定にかかる取扱いについては，厚生労働省の「テレワーク総合ポータルサイト」で解説されています。

在宅勤務手当を社会保険料・労働保険料の算定基礎に含めるか否かについては，その支給要件や支給実態などを踏まえて判断されます。基本的な考え方としては，実費弁償に当たる場合は社会保険料・労働保険料の算定基礎に含まれず，労働の対償として支払われる性質のものは，算定基礎に含まれることになります。

具体的には，次のような場合は，実費弁償に当たります。

①　事務用品等

次のアまたはイに該当する場合は，実費弁償に当たります。

ア　在宅勤務に通常必要な費用として企業が従業員に金銭を仮払いした後，従業員が業務のために使用する事務用品等を購入し，その領収証等を企業に提出してその購入費用を精算し，仮払金額が購入費用を超過したときは，その超過部分を企業に返還する場合

イ　従業員が業務のために使用する事務用品等を立替払いにより購入した後にその購入にかかる領収証等を企業に提出してその購入費用を精算し，購入費用を企業から受領する場合

　事務用品等については，専ら業務に使用する目的で企業が従業員に「支給」という形で配布し，その配布を受けた事務用品等を従業員が自由に処分できず，業務に使用しなくなったときは返却を要する場合，「貸与」とみて差し支えなく，社会保険料・労働保険料の算定基礎に含める必要がありません。

　他方，事務用品等の所有権を従業員に移転させる場合には，現物支給の給与として社会保険料・労働保険料の算定基礎に含める必要があります。

②　通信費・電気料金

　次のアまたはイの場合は，実費弁償に当たります。

　ア　在宅勤務に通常必要な費用として，企業が従業員に金銭を仮払いした後，従業員が業務のために使用した通信費・電気料金を精算し，仮払金額が業務に使用した部分の金額を超過するときは，その超過部分を企業に返還する場合

　イ　従業員が業務のために使用した通信費・電気料金を立替払いにより負担した後，その明細書等を企業に提出して通信費・電気料金を精算して，業務に使用した部分を企業から受領する場合

　通信費・電気料金については，就業規則や給与規程，賃金台帳等において，実費弁償分の算出方法が明示され，実費弁償に当たるものであることが明らかである場合は，実費弁償部分について社会保険料・労働保険料の算定基礎に含める必要はありません。なお，業務に要した費用と生活に要した費用が一括で請求される費用の実費弁償分の算出方法としては，国税庁の「在宅勤務に係る費用負担等に関するFAQ」で示されている計算方法によることが考えられます。

③ レンタルオフィスの利用料

　企業が業務上必要であると認めたうえで従業員が勤務時間内に自宅近くのレンタルオフィス等を利用してテレワークを行った際の利用料については，従業員がテレワークに通常必要な費用としてレンタルオフィス代等を立替払いし，かつ，業務のために利用したものとして領収証等を企業に提出してその代金が精算されているものは，実費弁償に当たり，社会保険料・労働保険料の算定基礎に含まれません。企業が従業員に金銭を仮払いし，従業員がレンタルオフィス代等にかかる領収証等を企業に提出し精算した場合も同様です。

　1つの手当において，実費弁償分であることが明確にされている部分とそれ以外の部分がある場合には，明確にされている部分については社会保険料・労働保険料の算定基礎に含める必要はありませんが，それ以外の部分は社会保険料・労働保険料等の算定基礎に含む必要があります。

　また，テレワークに通常必要な費用として使用しなかった場合でも，その金銭を企業に返還する必要がないもの，例えば，企業が従業員に対して毎月5,000円を渡し切りで支給する場合は，社会保険料・労働保険料等の算定基礎に含まれます。

【規定例：在宅勤務手当の一部が社会保険料・労働保険料等の算定基礎に含まれる例】

第●条（在宅勤務手当）
1　従業員が月に15日以上在宅勤務を行った場合は，当該月について，在宅勤務手当として5,000円を支給する。
2　従業員が業務命令に基づき，レンタルオフィス等の施設を利用してテレワーク勤務を行う場合，前項に定める在宅勤務手当に加えて，施設の利用に係る利用料および当該施設までの移動にかかる交通費を支給する。従業員は，所定の

> 精算方法に基づき，定められた期間内に精算手続きを行うものとする。

　このような規定の場合，第1項で定める在宅勤務手当については社会保険料・労働保険料等の算定基礎に含める必要がありますが，第2項に定める施設利用料や交通費については，実費弁償として算定基礎に含まれません。

(5)　通勤手当の取扱い

　テレワークの実施頻度が高い企業では，通勤手当を廃止して実費精算に切り替えるケースが見受けられます。通勤手当の見直しにあたっては，一方的な不利益変更にならないようにすることが大事です。実費弁済の目的で定期代相当額が支給されていた場合，出勤率が低下したことに基づき，就業規則を変更して通勤手当を廃止し，実費精算に切り替えることが考えられます。しかし，一律に一定額を通勤手当として支給していたような場合，通勤手当の廃止は労働条件の不利益変更に当たる可能性があります。そのため，通勤手当の廃止にあたっては，事前に労働組合や従業員代表などの意見を聴いたうえで就業規則を変更し，制度変更の趣旨を従業員に説明して理解を得る必要があります。

　テレワークを行う従業員が一時的に出社する際に要する交通費の支給については，税務上，支給額が1か月当たり15万円までは非課税です。

　他方，社会保険料・労働保険料等の算定上の取扱いについては，基本的に，その日における労働契約上の労務提供地が従業員の自宅であるかオフィスであるかにより，取扱いが異なります。例えば，終日在宅勤務を行うことが予定されていた日において，業務命令により急遽出社することとなり，出社に際して発生した交通費を企業が負担した場合は，「実費弁償」に当たり，社会保険料の算定基礎となる「報酬等」や労働保険料の算定基

礎となる「賃金」に含まれません。他方，もともと出社が予定されていた日の出社に要した交通費を企業が負担する場合は，「通勤手当」として，社会保険料・労働保険料の算定基礎となる報酬等・賃金に含めることが必要となります。

図表3-5　「自宅－企業」間の移動に要する費用の取扱い

当該日における労働契約上の労務提供地	「自宅－企業」間の移動に要する費用の取扱い	社会保険料・労働保険料等の算定基礎
自宅	業務として一時的に出社する場合は実費弁済（報酬等・賃金に該当しない）	非対象
企業	通勤手当（報酬等・賃金に該当する）	対象

(出典) 厚生労働省「テレワークの労務管理に関する Q&A」(テレワーク総合ポータルサイト)

4　人事評価

(1)　テレワークで働く従業員の評価

　テレワークを導入した際に，テレワークで働く従業員の人事評価が課題になることが少なくありません。公益財団法人日本生産性本部が2020年から継続実施している「働く人の意識に関する調査」においても，「労務管理上の課題」として，「仕事の成果が評価されるか不安」，「仕事振りが評価されるか不安」，「オフィス勤務者との評価の公平性」といった，人事評価に関する課題が上位にあがっています。厚生労働省のテレワークガイドラインでは，テレワークにおける人事評価に関して，「テレワークは，非

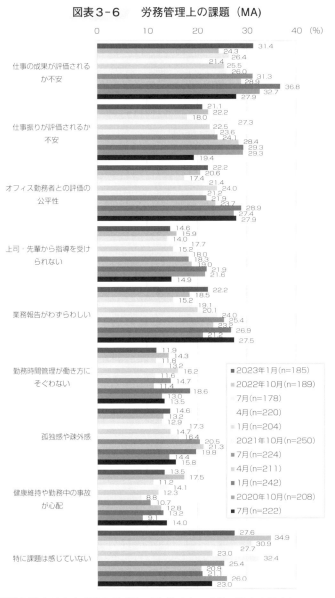

図表3-6　労務管理上の課題（MA）

（出典）公益財団法人日本生産性本部「第12回 働く人の意識に関する調査」

対面の働き方であるため，個々の労働者の業務遂行状況や，成果を生み出す過程で発揮される能力を把握しづらい側面があるとの指摘もあるが，人事評価は，企業が労働者に対してどのような働きを求め，どう処遇に反映するかといった観点から，企業がその手法を工夫して，適切に実施することが基本である」としています。

テレワークを導入済みの企業では，テレワークで働く従業員の人事評価について，通常勤務の従業員と同じ評価方法を適用することが一般的です。日々の業務の成果や進捗状況について，電話，電子メール，WEB 会議システム，労務管理ツール等を使用して把握することで，テレワークで働く従業員についても既存の評価方法を適用することが可能となります。

一方，テレワークの導入に合わせて，新たな評価制度を導入する企業もあります。特に，専らテレワークで働く従業員に対する評価については，成果に重きをおいた評価制度を適用するケースが見受けられます。テレワークガイドラインでは，「テレワークを行う場合の評価方法をオフィスでの勤務の場合の評価方法と区別する際には，誰もがテレワークを行えるようにすることを妨げないように工夫を行うとともに，あらかじめテレワークを選択しようとする労働者に対して当該取扱いの内容を説明することが望ましい。」としています。また，「（テレワークの実施頻度が労働者に委ねられている場合などにあっては）テレワークを実施せずにオフィスで勤務していることを理由として，オフィスに出勤している労働者を高く評価すること等も，労働者がテレワークを行おうとすることの妨げになるものであり，適切な人事評価とはいえない。」としています

テレワークという働き方を選択することで，通常勤務の従業員と比較して不利な評価を受けることになれば，テレワーク制度があっても，誰も積極的にテレワークを行いたいとは思わなくなってしまいます。テレワークで働く従業員について，通常勤務の従業員と同様に，公正な評価を行う

ことは，テレワーク制度の円滑な運用を図るうえで重要となります。

　なお，テレワーク制度の実施に伴い人事評価制度の見直しを行う場合は，通常勤務の従業員とテレワークで働く従業員のいずれにとっても納得感のある評価制度とすることが大事です。従業員にとって納得感のある制度とするためのポイントとして，主に次の点が挙げられます。

---

①　できるだけシンプルでわかりやすい制度にする。

②　評価の対象，項目，基準等をオープンにする。

③　評価者に評価制度を十分に理解させる。

④　評価者の評価スキルの向上を図るため，評価者研修を実施する。

⑤　評価結果を被評価者にフィードバックする。

⑥　被評価者の自己評価と評価者による評価の摺り合わせを行う。

⑦　評価結果に対する異議申立てについて，評価再検討委員会等を設ける。

---

(2)　管理職の教育

　目の前にいない部下の業務遂行を管理し，正しく評価するためには，管理職の業務管理能力や評価スキルが必要不可欠となります。テレワークで働く従業員が自身に対する評価について疑念を抱かないようにするためには，テレワークで働く部下と管理職の立場にある上司が，テレワークで行う仕事の内容やスケジュール管理，求められる成果の水準などについて，あらかじめ十分に話し合ったうえで，定期的な報告と，業務のチェックポイントごとの随時報告により進捗状況を管理するとともに，報告に対するフィードバックや指導・助言等を与えて，部下の業務遂行を支援することが重要となります。

　テレワークガイドラインでは，人事評価の具体的方法として，「例えば，上司は，部下に求める内容や水準等をあらかじめ具体的に示しておくとと

もに，評価対象期間中には，必要に応じてその達成状況について労使共通の認識を持つための機会を柔軟に設けることが望ましい。特に行動面や勤務意欲，態度等の情意面を評価する企業は，評価対象となる具体的な行動等の内容や評価の方法をあらかじめ見える化し，示すことが望ましい。加えて，人事評価の評価者に対しても，非対面の働き方において適正な評価を実施できるよう，評価者に対する訓練等の機会を設ける等の工夫が考えられる。また，テレワークを実施している者に対し，時間外，休日又は所定外深夜（中略）のメール等に対応しなかったことを理由として不利益な人事評価を行うことは適切な人事評価とはいえない。」としています。

　テレワークは，労働者が自律的に働くことを前提とするものであり，その点において「目標管理」と親和性が高いといえます。目標管理では，部下が上司に相談しながら自ら目標を設定し（目標設定），進捗状況を適宜報告して上司の助言・指導を受けながら業務を遂行し（実行），成果について評価を受け（評価），上司との話し合いを通して問題点・改善点を明らかにして（改善），次の目標設定を行います。この目標設定⇒実行⇒評価⇒改善の４つのステップを回しながら処遇に反映することで，評価の見える化が図られます。目標管理が行われている職場では，部下の働く場所がオフィスから自宅に変わったとしても，そのことによって上司が部下の業務管理や人事評価を正しく行うことができないという事態にはならないと考えられます。

　目標管理では，面談を通して部下を導き，課題を明らかにして解決策を検討し，部下を育成していくスキルが管理職に求められますが，実際には，このようなスキルを管理職が身につけておらず，目標管理を適切に運用するうえでの課題となっていることが少なくありません。そのため，テレワークで働く従業員がいることを前提として人事評価制度を整備するにあたっては，管理職を対象としたマネジメント研修や評価者研修等を実施す

ることで，管理職に求められる役割についての意識を高め，部下を適切に
管理・評価するスキルの向上を図ることが必要であると考えられます。

5　人材育成

⑴　テレワーク実施下における教育・研修

　テレワーク実施下における教育・研修については，クラウド型配信サー
ビスやWEB会議システムなどを用いて，パソコン上で受講できるオンラ
イン研修を実施する企業が多く見受けられます。オンライン研修は，研修
会場に出向くことが難しい遠隔地で働く従業員も参加することができ，ま
た，オンデマンド配信型のオンライン研修であれば，いつでも視聴可能で
あるため，時間にとらわれずに受講できるというメリットがあります。

　テレワークガイドラインでも，社内教育等についてオンラインで実施す
ることも有効であるとし，「オンラインでの人材育成は，例えば，『他の社
員の営業の姿を大人数の後輩社員がオンラインで見て学ぶ』『動画にして
いつでも学べるようにする』等の，オンラインならではの利点を持ってい
るため，その利点を活かす工夫をすることも有用である」としています。

　オンライン研修は，「一方向型研修」と「双方向型研修」に大別するこ
とができます。「一方向型研修」では，あらかじめ用意されたコンテンツ
を活用して研修が行われるため，従業員は自分の都合に合わせて受講する
ことができます。企業としても準備の手間が少なく，コンテンツを繰り返
し利用できるというメリットがあります。ただ，受講者の反応を把握しに
くく，研修の効果が定着しにくいという面があることから，研修受講後に
簡単な確認テストを実施したり，アンケートや受講確認書に研修から得ら
れた知識や研修を受けて考えたことなどについて記入させるなど，研修に

よって得られた知識等の定着を図るための工夫が必要とされます。

　他方，「双方向型研修」は，講師と受講者がコミュニケーションをとりながら実施されるため，受講者の反応を見ながら理解できていない部分を確認したり，フォローしたりすることが可能であり，受講者も自分が知りたいことを質問することできるため，より実践的な知識の習得が可能となります。また，会議システムを利用して，グループワークを行うことも可能です。ただし，研修をスムーズに運営するためには，あらかじめ参加者のシステム環境を確認する，時間内にできるだけ多くの質問に対応することができるように事前に質問事項を提出させる，チャットツールを活用して質問を投稿させて研修後に改めて講師が回答する対応をとるなど，事前の準備を十分に行うことが必要となります。

　オンライン研修は，コンプライアンス研修やハラスメント研修など，全従業員を対象とした，知識や情報の習得を目的とする研修の実施方法として有効である一方で，技術や実務的作業の習得などを目的とする研修の実施方法としては，あまり効果が期待できません。そこで，テレワークで働く従業員に対して教育・研修等を実施するにあたっては，実技を伴う技術研修や実務研修を行う際は，受講者に研修会場まで出向いて受講してもらうこととし，知識等の習得などを目的とする研修についてはオンライン形式で行うなど，研修の目的や対象者，カリキュラム等に応じて，リアル研修とオンライン研修を組み合わせたハイブリッド型研修を行うことが効果的であるといえます。

(2)　テレワークに関する教育・研修

　テレワークで働く従業員については，適用される労働時間制が通常勤務の従業員と異なっていたり，テレワークで働く際の上司への報告，連絡，相談の実施方法，テレワークに伴い発生した費用の精算方法など，通常勤

務の従業員と異なる就業上のルールが適用される場合があります。また，初めてテレワークを行う従業員については，テレワークで使用する端末やテレワーク用ツールの機能や使用方法について習得させ，テレワークを円滑に実施できるようにすることが求められます。テレワークガイドラインでは，「テレワークを実施する際には，新たな機器やオンライン会議ツール等を使用する場合があり，一定のスキルの習得が必要となる場合があることから，特にテレワークを導入した初期あるいは機材を新規導入したとき等には，必要な研修等を行うことも有用である」とし，「企業は，各労働者が自律的に業務を遂行できるよう仕事の進め方の工夫や社内教育等によって人材の育成に取り組むことが望ましい」としています。

　また，テレワークでは，オフィスで働く場合と比べてセキュリティ体制も異なるため，情報漏えい等を防止するうえでも，テレワーク実施時に守るべきセキュリティルールを従業員が理解していることが必要となります。テレワークに限らず，従業員が業務を行う過程で情報漏えい等の事故を発生させてしまうケースは少なくありません。事故が発生した場合，会社の定めたセキュリティルールを守って仕事をしていたか否かにより，従業員本人が問われる責任の重さは大きく異なります。会社が定めたセキュリティルールを守ることが，自分自身を守ることにつながることを従業員が理解していることが，セキュリティを確保するうえで重要となります。さらに，テレワークで働く従業員がセキュリティに関する知識を有していれば，問題があるソフトウェア・アプリケーションの利用や不審なメールの開封を未然に防ぐことができ，標的型攻撃等による被害発生リスクが低減することが期待できます。

　テレワークガイドラインでは，テレワークの際のセキュリティ対応について，「企業・労働者が情報セキュリティ対策に不安を感じないよう，総務省が作成している『テレワークセキュリティガイドライン』等を活用し

た対策の実施や労働者への教育等を行うことが望ましい。」としています。令和3年5月に総務省が公表したテレワークセキュリティガイドラインでは，経営者，システム・セキュリティ管理者，テレワーク勤務者がそれぞれの立場において実施すべきセキュリティ対策のほか，過去に発生したテレワーク関連のトラブル事例を取り挙げて，セキュリティ対策上注意すべきであった点やトラブルを回避するための有効な対策が，基本的対策と発展対策に分けて解説されており，これらの情報を教育・研修により従業員に周知することも有効であると思われます。

　セキュリティに関する教育は，継続的に行うことが重要です。社内向けポータルサイトにセキュリティに関する事項を掲載したり，チャットツールやメールで通知するなど，日常的に従業員にセキュリティを意識させ，注意喚起することが望まれます。

　なお，テレワークで働く従業員に対して教育や研修を義務付ける場合は，当該事項について就業規則やテレワーク規程に規定する必要があります（労働基準法89条7号）。

【規定例：教育・研修に関する規定の例】

第●条（教育・研修等）
1　会社は，テレワークを行う従業員に対し，業務に必要な知識および技能の向上を図るため，必要な教育・研修等を行う。
2　テレワークを行う従業員は，会社から教育・研修等の受講を指示された場合には，特段の事由がない限り，指示された教育・研修等を受けなければならない。

6　健康管理

⑴　テレワークにおける事業主の安全配慮義務

　企業は，テレワークで働く従業員についても，通常勤務の従業員と同様に，労働安全衛生法等に基づき，定期健康診断等の必要な健康診断およびその結果等を受けた措置，ストレスチェックとその結果等を受けた措置，長時間労働者に対する医師の面接指導とその結果等を受けた措置など，従業員の健康確保のための措置を講じる必要があります。

　テレワークガイドラインでは，事業者が安全衛生上，留意すべき事項を確認する際に活用することを目的として，「テレワークを行う労働者の安全衛生を確保するためのチェックリスト【事業者用】」（テレワークガイドライン別紙1）（巻末資料1）を公表しています。労働者が安全かつ健康にテレワークを実施するうえで重要な事項として，安全衛生管理体制や安全衛生教育，作業環境，健康確保対策，メンタルヘルス対策のほか，コミュニケーションの活性化や緊急連絡体制に関する各項目について，事業者がチェックを入れて確認できる仕様となっています。特に，労働安全衛生法上，事業主に義務付けられている事項については，◎が付されており，これらの項目について不十分な場合には改善を図ることとされています。そして，このチェックリスクを使った定期点検を半年ごとに実施して，その結果を衛生委員会に報告することとしています。

　また，厚生労働省が作成・公表している「情報機器作業における労働衛生管理のためのガイドライン」の（解説）では，「労働基準法上の労働者については，テレワークを行う場合においても，労働安全衛生法等の労働基準関係法令が適用されるため，労働安全衛生法等の関係法令等に基づき

健康確保のための措置を講じる必要がある。また，テレワークを行う作業場が，自宅等の事業者が業務のために提供している作業場以外である場合には，事務所衛生基準規則，労働安全衛生規則及び情報機器ガイドラインの衛生基準と同等の作業環境となるよう，テレワークを行う労働者に助言等を行うことが望ましい。」としています。

　テレワーク勤務では，従業員が自宅のダイニングテーブルや座卓，ローテーブルなどを使って仕事をすることが多いと思われますが，これらは基本的に食事をしたりくつろいだりするためのもので，仕事をするのに向いていません。テーブルが低いと前かがみになり，猫背になりがちです。また，座卓で仕事をする際は胡坐をかいたり，横座りになったりと，オフィス用の机や椅子を使って仕事をする場合と比べると，どうしても姿勢が悪くなりがちです。長時間にわたり，無理な姿勢で仕事をし続けると，肩こりや腰痛を引き起こしやすくなります。2022年4月に花王が公表した「働き方でみる暮らしの実態調査」でも，「現在気になっている症状」に，肩こり，腰痛，目の疲れ・乾きなどの症状をあげる人の割合が高くなっています。肩こりや腰痛に悩まされる従業員の訴えを無視したり，何らの指導・助言も行わずに放置した場合，安全配慮義務違反を問われる可能性があります。心身の不調を訴える従業員がいる場合には，その従業員から話を聞いて作業環境や作業時間など就労状況を確認し，状況改善のために必要と思われる助言・指導を行ったり，改善のための措置を検討・実施することが求められます。

(2) テレワーク勤務者のメンタルヘルス対策

　労働安全衛生法により，企業はメンタルヘルス対策の基本方針として「心の健康づくり計画」を策定するよう努めることが求められています。また，厚生労働省の「労働者の心の健康の保持増進のための指針」では，

事業者は，心の健康づくり計画において，テレワーク勤務者に対するメンタルヘルス対策についても取り組むことが望ましいとされています。

　上司や同僚と顔を合わせて雑談することでストレスを発散させている従業員にとって，テレワークでは孤独や孤立を感じやすくなることがあります。また，テレワークでは，通常勤務とは異なるストレス要因に直面することがあり，その結果，従業員の労働生産性が下がったり，気分が落ち込むなどメンタルヘルス不調を引き起こしてしまうことがあります。特に，新入社員や配置転換したばかりの従業員の場合，職場の人間関係が十分に構築できておらず，業務の進め方もよくわからないことで，不安やストレスを強く感じやすく，メンタルヘルス不調を引き起こしやすい傾向があります。コロナ禍では，新入社員が一度も出社することなく退職してしまったケースもあります。

　テレワーク勤務者のメンタルヘルス対策については，テレワーク特有のストレス要因があることを踏まえ，従業員本人によるセルフケアを積極的にサポートしたり，上司等によるラインケアを実施するほか，心身の健康について相談できる窓口を設定するなど，メンタルヘルス対策のための体制を整備することが大事です。

図表3-7　テレワーク特有のストレス要因の例

- 上司や同僚等と顔を合わせないことで孤独を感じやすい
- 他の人の状況がわからないことに不安を感じる
- 役割分担や業務の進め方が不明瞭であることに不安を感じる
- 仕事で分からないことがあっても相談できずに一人で抱え込んでしまう
- 部下の労務管理や評価が難しいと感じる
- 自宅の作業環境が整っていないため作業効率が落ちる
- テレワーク用ツールを使い上手く使いこなせない

- オンとオフの切り替えが難しく，長時間労働になりやすい
- 就業時間外にも業務関連の連絡が四六時中送られてくるため心身が休まらない
- 通勤がないため運動不足になりがちである

① 従業員によるセルフケアの促進

　セルフケアとは，従業員本人が行うメンタルヘルス対策のことを指します。セルフケアでは従業員一人ひとりの意識が重要となります。企業の取り組みとしては，セルフケア研修を実施したり，心身の健康に関する情報を提供するなど，従業員が自律的に心身の健康をケアできるように教育・啓発し，健康管理の必要性を周知することが大事です。

　また，セルフケアでは，趣味を楽しんだり適度な運動を行ったりすることも有効です。従業員のセルフケアを促進している企業では，全従業員がアクセス可能なポータルサイトでメンタルヘルス関連の情報を発信したり，社内報でセルフケアを上手に行っている従業員の例を紹介するほか，雑談専用のチャットルームを設けたり，Zoom などを使ってコミュニケーションをとりながらストレッチ運動を行うなどの取り組みが行われています。

② 上司によるラインケアのポイント

　ラインケアとは，上司が部下の心の健康に関して，職場環境の改善や相談対応などを行うことです。テレワークでは直接顔を合わせる機会が少ない分，上司が部下のメンタルヘルス不調に気づきにくいという面があります。メンタルヘルス不調者の早期発見には，1 on 1 ミーティングを頻度高く行うことが有効であると考えられます。1 on 1 ミーティングを実施する際は，ラインケアを効果的に行うために，次のことを心がけることが

望まれます。

図表3-8　1 on 1 ミーティングでのラインケアのポイント

- ・カメラ機能をオンにしてお互いの様子がわかる状態で行う
- ・毎日実施して，日々の様子に変化がないか確認する
- ・雑談タイムを設け，互いの状況がわかる情報を交換する
- ・過度に部下のプライベートに干渉しない
- ・言葉遣いや声のトーン，顔の表情に気をつけて部下が話しやすい雰囲気を心がける
- ・部下のモチベーションを高める声がけをする

③　企業の取組み

　従業員のメンタルヘルス対策については，ラインケアを行う管理職を対象としたメンタルヘルス研修の実施，心と体の健康について誰でも気軽に相談できる窓口の設置，長時間労働を防止する仕組みづくりなど，企業として取り組むべき事項が多々あります。テレワークでは，オンとオフの切り替えが難しくなることから，休憩時間を明確に設定したり，時間外労働や休日労働を原則禁止とすることもメンタルヘルス対策として有効です。

　なお，2022年3月に厚生労働省が作成・公表した「テレワークにおけるメンタルヘルス対策のための手引き」では，テレワークにおけるメンタルヘルス対策のポイントや，企業の取り組み例が紹介されており，自社における取り組みを検討する際の参考になると思われます。

7　テレワークにおける労働災害

　テレワーク勤務中に生じた負傷，疾病は，「業務遂行性」及び「業務起

因性」が認められれば，労働災害として労災保険給付の支給対象となります。業務遂行性は，労働契約に基づいて労働者が事業主の支配下または管理下にある状態にあることを指します。また，業務起因性は，業務と負傷・疾病との間に相当因果関係があることを指します。テレワーク勤務中の事故について労災認定がされたケースとしては，自宅で所定労働時間中にパソコンを使って業務を行っていた労働者が，トイレに行くために作業していた場所から離れた後，再び作業場所に戻り椅子に座ろうとして転倒してケガをした事例があります。

　私的行為など業務以外が原因でケガをしたような場合は業務上の災害とは認められません。テレワークガイドラインでは，テレワークを行う労働者がこの点について十分理解していない可能性があるため，使用者はこの点を十分周知することが望ましいとしています。テレワークでは，従業員が自宅等で一人で仕事を行うことから，事故等が発生した際に，それが業務上の災害であるか否かを判断することが難しい面があります。そのため，テレワークを行わせる場合には，あらかじめ従業員に自宅の作業スペースの写真や見取り図を提出させて作業スペースを確認したり，テレワーク勤務日の作業スケジュールを提出させる，パソコンのログを保存するなど，労働時間とプライベートの時間が区別できるようにするなど，業務遂行性や業務起因性が判断しやすい体制を整えることが望まれます。

8　テレワークハラスメントへの対応

(1)　テレワークハラスメントとは

　テレワークハラスメントとは，テレワークに関連して行われるハラスメント行為のことをいいます。テレワークでは，職場では見えなかった従業

員のプライベートな側面が見えることがあり，そのことを不用意に話題にすることで相手に不快感を与えることがあります。例えば，自宅からオンライン会議に参加する従業員の化粧や服装について指摘したり，部屋の中を見せて欲しいと要求したりする行為は，セクシャルハラスメントになる可能性があります。

　また，部下がきちんと仕事をしているか不安に思う上司が部下に対して，WEBカメラを常時オンにしたまま仕事をすることを強要したり，頻繁に報告を求めるなど過度に監視したり，就業時間外にも頻繁に業務連絡をして即時のレスポンスを求める行為などはパワーハラスメントに該当する可能性があります。

　コミュニケーションを図るためだからと就業時間外のオンライン飲み会への参加を強要したり，反対に特定の人をオンライン会議やオンライン飲み会に呼ばない，チャットグループに招待しないなどの行為もパワーハラスメントに当たる場合があります。

(2)　テレワークハラスメントに関する法的規制

　2022年4月1日から，改正労働施策総合推進法により職場におけるパワーハラスメント防止のために雇用管理上必要な措置を講じることが，中小企業も含めたすべての事業者の義務となっています。テレワークガイドラインでは，「事業主は，職場におけるパワーハラスメント，セクシャルハラスメント等（以下「ハラスメント」という）の防止のための雇用管理上の措置を講じることが義務づけられており，テレワークの際にも，オフィスに出勤する働き方の場合と同様に，関係法令・関係指針に基づき，（中略）ハラスメントの防止対策を十分に講じる必要がある。」としています。

　テレワークハラスメントの防止対策としては，テレワークハラスメント

の禁止に関する事項を就業規則やテレワーク規程，ハラスメント防止規程などに定め，テレワークハラスメントを行ってはならないことを研修等を通して従業員に周知するとともに，テレワークハラスメントを受けたと感じたときは，会社が社内や社外に設置しているハラスメント相談窓口に相談できる体制を整えることが挙げられます。また，テレワークを行う際の業務の進め方や連絡を行う際のルールを業務マニュアル等に定めて周知することも，テレワークハラスメントの防止対策として有効です。

(3) 研修の実施

テレワークハラスメントを防止するためには，テレワーク研修や管理職研修，ハラスメント研修等を実施して，テレワークで起こりがちなハラスメントの具体例やハラスメントの加害者または被害者にならないために注意すべき事項について説明することに加えて，コミュニケーションのとり方に十分留意し，相手を不快にさせたり不安にさせたりしないように心がけるよう注意喚起することが大事です。

図表3-9　テレワークハラスメントの加害者・被害者にならないためのポイント

■加害者にならないためのポイント
- オンライン会議で化粧や服装，自宅の様子などプライベートなことを話題にしない
- メールや電話で業務の指示出しをする際は，丁寧な言葉遣いを心がける
- 電話では，声のトーンにも気をつけ，明るい声ではっきり，ゆっくり話す
- 指示出しをするときは，「何を」「いつまでに」「どのように」「どれくらいの水準で」仕上げるかを明確に伝える
- 自律的に働ける従業員に対して必要以上に報告を求めない

- 就業時間外は，緊急を要する場合を除き，電話やメール，チャットによる業務連絡を行わない

■被害者にならないためのポイント

- 仕事をするのにふさわしい服装や身だしなみを整える
- オンライン会議に参加するときは，私生活が映りこまないように注意する
- 自身が発言するとき以外はミュートをオンにして，生活音が漏れないようにする
- 休憩等で一時的に離席するときは，ビデオとマイクをオフにする

　管理職向けのハラスメント研修では，次の事項について認識・理解を深めることが大事です。

①　言葉遣いや声のトーンに気をつける

　電話やメールでのコミュニケーションでは，対面で行うコミュニケーションと異なり，相手の表情が見えていない分，言葉遣いや声のトーンに気をつける必要があります。同じ言葉でも，顔が見えていないことで，相手に与える印象が大きく異なることがあることを理解しておくことが大事です。

②　自律的に働ける部下には必要以上に報告を求めない

　テレワークでは，こまめにコミュニケーションをとり，部下の状況を把握することは，仕事のスムーズな進行だけでなく，部下を孤独にしないうえでも大事なことです。ただ，日頃から自律的に仕事をしている部下については，過度な報告を求めないようにすることで部下の集中力が高められ，業務効率の向上を図るうえでも有効であるといえます。

③　指示内容を明確にする

　部下に指示を与えるときは，何を，いつまでに，どのように，どれくらいの水準に仕上げるかについて，明確に伝えることが大事です。指示内容が明確になることで，部下が仕事を進めやすくなるだけでなく，不要なストレスを感じたり，ミスを発生させたりすることが少なくなり，良好な信頼関係の構築にもつながります。上司が部下と信頼関係を築くことは，ハラスメント防止の観点からも重要です。

④　仕事とプライベートを分ける

　必要もないのに部下のプライベートに踏み込むことは，ハラスメントにつながるという意識を持つことが大事です。特に，テレワークでは，仕事と生活の場が同じであるため，部下のプライベートに必要な範囲を超えて干渉しないよう注意する必要があります。

　また，就労時間外に電話やメール，チャットなどで仕事の連絡をすることも避けるべきです。部下に対して帰宅後の遅い時間に頻繁に業務報告を求めた行為がパワーハラスメントに当たるとして戒告の懲戒処分を行ったことについて，懲戒権の濫用であるとして処分無効が争われた訴訟では，当該懲戒処分は有効であると認められています（東京地裁令和2年6月10日判決「アクサ生命保険事件」）。

(4)　WEB会議での顔出し要請

　WEB会議が日常的に行われるなかで，若者を中心にWEB会議での「顔出し」を嫌がり，「顔出し」を義務づけることはハラスメントに当たるのではないかと主張するケースが散見されます。

　会議中，相手の表情や顔色，手ぶり身振りなどを確認することは，相手の意向を理解するうえで重要な要素となります。また，上司が部下と行う

　1 on 1 ミーティングで顔出しを求めることは，部下の心身の健康状態を確認するうえでも必要であると考えられます。これらの目的をもってWEB会議での顔出しを義務づけることは，業務上必要な範囲の行為であり，ハラスメントに当たらないと考えられます。

　どのような行為がハラスメントに当たり，どのような行為がハラスメントに当たらないのかについて周知し，従業員の認識・理解を深めることは，ハラスメント対策の一環として大事なことです。

.................第 **4** 章.................

規程の整備

1 就業規則の見直し

(1) 就業規則の見直しは必要か

　事業者は，常時10人以上の労働者を雇用する事業場において，就業規則を作成し，労働基準監督署に届け出ることが義務付けられています。テレワークの導入に伴い，労働基準法第89条により就業規則の作成・届出が義務付けられている事項に変更が生じた場合，就業規則の変更・届出が必要となります。

　新型コロナウイルス感染症対策のための一時的措置として急遽テレワークを実施した企業では，就業規則の見直しが行われていないところも多いと思われます。新型コロナウイルス感染症によるパンデミックは，いずれ収束するとしても，今後また同様の事態が発生する可能性があることは否定できません。パンデミックに限らず，地震，台風，洪水など，世界的に自然災害が頻発し，激甚化する中で，企業にとって，BCP 対策は必要不可欠となっています。

　また，新型コロナウイルス感染症による影響が長引く中で，人々の暮らしや働き方は大きく変わり，テレワークは当たり前の働き方になりつつあ

ります。特に20代，30代の若い世代では，テレワーク制度があるかが就職先を選ぶ際の判断材料の一つとなっています。このような状況を踏まえ，今後においてもテレワークを自社における働き方の選択肢の一つとするのであれば，テレワークの実施を前提とした就業規則を整備する必要があります。

　通常勤務とテレワーク勤務で，適用する労働時間制やその他の労働条件が全く同じであれば，就業規則の変更は特に必要ないと思われますが，テレワーク勤務者が働く場所だけでなく，働く時間についても柔軟に選択できる環境を整備する目的として，新たにフレックスタイム制を導入したり，テレワークで発生する情報通信機器の通信料等を従業員に負担させるなど，テレワークを行う際の就業ルールを新たに設ける場合は，就業規則の変更が必要となります。テレワークの実施に伴い変更が生じ得る主な事項としては，テレワーク勤務者に適用する労働時間制や休憩時間の取扱い，費用負担，教育・研修に関する事項などが挙げられます。

　また，BCP対策や業務上の都合により，企業が従業員に対してテレワークを命じる場合は，それに関する事項を定めておくことが必要となります。就業規則にテレワーク勤務に関する規定がなく，従業員との個別の合意もなければ，企業が従業員に対して，テレワークを行うことを命じることができません。

　なお，原則として，就業規則を変更することにより，労働契約の内容である労働条件を労働者の不利益に変更することはできません（労働契約法第9条）。そのため，就業規則の変更にあたっては，変更の必要性，変更により従業員が受ける不利益の程度，変更後の就業規則の内容の相当性などに留意することが大事です。また，改定後の就業規則を従業員に適用するにあたっては，変更後の就業規則を従業員に周知する必要があります。

図表4-1　就業規則の作成・届出が義務付けられている事項

1	始業および終業の時刻，休憩時間，休日，休暇ならびに労働者を2組以上に分けて交替に就業させる場合は就業時転換に関する事項
2	賃金の決定，計算および支払の方法，賃金の締切および支払の時期ならびに昇給に関する事項
3	退職に関する事項。退職手当の定めをする場合は，適用される労働者の範囲，退職手当の決定，計算および支払の方法ならびに支払の時期に関する事項
4	臨時の賃金等（退職手当を除く。）および最低賃金額の定めをする場合は，これに関する事項
5	労働者に食費，作業用品その他の負担をさせる定めをする場合は，これに関する事項
6	安全および衛生に関する定めをする場合は，これに関する事項
7	職業訓練に関する定めをする場合は，これに関する事項
8	災害補償および業務外の傷病扶助に関する定めをする場合は，これに関する事項
9	表彰および制裁の定めをする場合は，その種類および程度に関する事項
10	前各号に掲げるもののほか，当該事業場の労働者のすべてに適用される定めをする場合は，これに関する事項

(2)　テレワーク勤務規程の作成

　テレワークに関するルールを定めるにあたっては，就業規則の本則に定める方法と，就業規則の附属規程として新たに「テレワーク勤務規程」を作成する方法があります。どちらの方法を選択するかは個々の企業の判断によりますが，テレワークに関する事項をテレワーク勤務規程にまとめて

規定した方がわかりやすいことから，テレワーク導入済み企業では，テレワーク勤務規程を作成することが一般的です。テレワーク勤務規程を作成する場合は，就業規則の本則に，「テレワーク勤務に関する事項については，この規則に定めるもののほか，テレワーク勤務規程に定めるところによる。」と，いわゆる委任規定を定めます。

　なお，テレワーク勤務規程を作成する場合でも，通常勤務とテレワーク勤務に共通して適用する事項は，就業規則の本則に定めます。たとえば，テレワークの導入に伴い，新たにフレックスタイム制を導入する場合，フレックスタイム制に関する事項については，就業規則の本則に定めます。テレワーク勤務規程に定めてしまうと，通常勤務にフレックスタイム制を適用できなくなってしまいます。労働時間制などの労働条件の基本となる事項については，就業規則の本則に定めておくことで，通常勤務とテレワーク勤務のどちらにも適用可能となり，通常勤務とテレワーク勤務を併用したハイブリッド勤務が行いやすくなります。

　また，賃金規程や情報管理規程など，就業規則の附属規程がある場合，テレワークの導入に伴い附属規程の変更が必要となる場合があります。附属規程も就業規則の一部であるため，新たに附属規程を作成したり，既存の附属規程の一部を変更した場合も，従業員に周知し，労働基準監督署に

図表4-2　　就業規則とテレワーク規程の関係

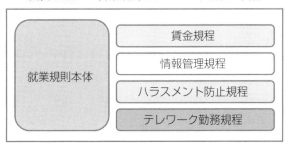

届け出る必要があります。

　テレワーク勤務規程を作成するにあたっては，厚生労働省が公表している「テレワークモデル就業規則〜作成の手引き〜」に掲載されている，モデル規程が参考になります。ただし，あくまでモデル規程ですので，自社における業務内容や業務の実施状況等を確認し，テレワーク勤務の実施対象者となる従業員やテレワークの経験がある従業員と話し合い，従業員の意見や要望を踏まえて，従業員が働きやすく，かつ，企業として生産性の向上が期待できる，自社に適したテレワーク勤務規程を作成することが大事です。

　なお，在宅勤務，モバイル勤務，サテライトオフィス勤務のいずれの勤務形態にも適用可能なテレワーク勤務規程を作成する場合は，それぞれの勤務形態に特有の事項を定めておくことが必要となります。

2　テレワークに関して定めておくべき事項

⑴　実施目的

　テレワークを実施する目的は，企業ごとに異なります。実施目的を明確にすることは，自社がどのような目的でテレワークを実施するのか，テレワークの実施により何を実現しようとしているのかを従業員が理解するうえで重要となります。コロナ禍前は，従業員のワークライフバランスの確立や育児・介護を行う従業員の支援を目的とする企業が少なくありませんでしたが，最近の傾向としては，業務効率化による生産性の向上，BCP対策，人材の採用・確保，従業員エンゲージメント向上，女性活躍推進，企業価値向上など，テレワークの実施を経営戦略の一環として位置づける企業が増えています。

規定例1

第○条（目的）
　この規程は，ワークスタイルの多様化への対応による知的生産性向上および従業員のワークライフバランスの実現ならびに非常時における事業継続を目的として，自宅等で業務を遂行する者の労働条件その他の就業に関する事項を定めるものである。

規定例2

第○条（目的）
　この規程は，育児・介護等を事由とする離職を回避し，一人ひとりが自ら成長し，キャリアアップできる仕組みを整えることを目的として，自宅等で業務を遂行する者の労働条件その他の就業に関する事項を定めるものである。

(2)　実施対象者

　コロナ禍においては，新型コロナウイルス感染拡大の防止やＢＣＰ対策として，全従業員を対象としたフルタイムの在宅勤務を実施した企業が多く見受けられました。このような対応は，あくまで緊急事態発生時における一時的措置であり，平時においては，会社が必要と判断した場合にのみ，テレワークを行わせたいという企業も少なくないと思われます。このような場合は，テレワーク勤務規程で，テレワークの実施対象者を明確にしておくことが必要となります。

　一方，テレワークに関するアンケート調査では，コロナ禍でテレワークを経験した人の多くがテレワークを継続して行いたいと回答しています。テレワークを継続して行うことを希望する従業員に対して，継続的なテレワーク実施の可否を説明できる体制を整えるうえでも，テレワーク勤務規

程を作成して，テレワークの実施目的や実施対象者を明確にしておくこと
が大事です。

規定例

第○条（実施対象者）
　テレワークの実施対象者は，次の各号のいずれも満たす従業員とする。
⑴　育児，介護または自身の傷病等により，出勤が困難であると認められる者
　　で，テレワーク勤務を希望する者
⑵　自宅の執務環境およびインターネット環境が適切であると認められる者
2　会社は，前項各号の事実を確認するために必要な書類の提出を求めることが
　　ある。
3　第1項の規定にかかわらず，会社は，天災事変，交通障害，感染症の流行そ
　　の他の事情により，テレワーク勤務を行わせることが適切であると判断した場
　　合，すべての従業員にテレワーク勤務を命じることができる。

(3)　申請手続き

　テレワーク勤務を認める際の手続きについては，テレワーク勤務希望者
に「テレワーク勤務許可申請書」を提出させることが考えられます。その
際，テレワーク勤務時の就労環境について，一定の水準を満たしているか
確認するため，自宅のテレワーク環境について申告することを義務付けて
おくとよいでしょう。情報通信設備や作業環境が整っていないと，業務効
率が下がるだけでなく，情報漏えいのリスクが高まることや，従業員の心
身の負担が大きくなることが懸念されます。そのため，従業員にテレワー
クを行わせる場合は，事前に従業員の自宅のテレワーク環境について確認
し，不適切と判断される事項がある場合は，従業員と協議して改善を図る
ことが必要となります。

　なお，テレワーク環境の確認にあたっては，執務環境等申告書を提出させるほか，テレワークガイドライン別紙2の「自宅等においてテレワークを行う際の作業環境を確認するためのチェックリスト【労働者用】」（巻末資料）を活用することが考えられます。

規定例

> 第○条（申請手続）
> 1　テレワーク勤務を希望する者は，所定のテレワーク勤務許可申請書を所属長に提出し，その承認を得るものとする。
> 2　テレワーク勤務の許可を受けてテレワーク勤務を行う場合は，前日までに所属長に届け出るものとする。ただし，やむを得ない事由による場合は，当日の届け出を認める。
> 3　会社は，業務上その他の事由により，テレワーク勤務の許可を取り消すことがある。

【書式例2】 テレワーク勤務許可申請書の例

テレワーク勤務許可申請書

申請日：　　年　　月　　日

株式会社○○○○

（所属長）　　　　殿

所属部署

氏名

　私は，テレワーク勤務規程第○条の規定に基づき，在宅勤務を希望しますので，次のとおり申請いたします。

1　在宅勤務を希望する理由

2　実施希望期間および頻度

　⑴　実施期間　　　　年　　月　　日　〜　　　年　　月　　日まで

　⑵　実施頻度　　　□毎日

　　　　　　　　　　□週　　日（希望する曜日：月・火・水・木・金）

　　　　　　　　　　□特定の日（希望する日：　　　　　　　　　　）

3　就労場所　　　　　自宅（住所：　　　　　　　　　　　　　　　）

4　在宅勤務で行う主な業務の内容

5　その他

【書式例3】テレワーク勤務許可書の例

テレワーク勤務許可書

年　　月　　日

（所属部門）

氏名　　　　　　　殿

株式会社〇〇〇〇
〇〇部　部長　　　㊞

　ｘｘ年ｘｘ月ｘｘ日付テレワーク勤務許可申請書により申請された事項に基づき，下記のとおり在宅勤務を許可する。

記

1　実施期間

　　　　　　　年　　月　　日から　　年　　月　　日までとする。

2　就労場所

　　就労場所は貴殿の自宅とする。

　（住所：　　　　　　　　　　　　　　　　　　　　　）

3　従事すべき業務の内容

　　＊＊＊＊＊

4　在宅勤務期間中の手当・費用負担

　(1)　在宅勤務手当として，月額〇〇円を支給する。

　(2)　通勤手当は支給しないものとし，実費精算とする。

5　情報等の取扱

　　業務に必要な機材，資料その他情報を会社から持ちだす際は，所属長の許可を得るものとし，情報管理規程を遵守して，厳重に管理するものとする。

6　その他

　　本書に記載なき事項については，就業規則およびテレワーク勤務規程による。

___

　　私は，上記事項を遵守し，テレワーク勤務（在宅勤務）を行います。

年　　月　　日

　　　　　　　　　住所：

　　　　　　　　　氏名：

(4) 情報通信機器

　テレワークで使用する情報通信機器については，情報セキュリティの観点から，会社が貸与した情報通信機器を使用させることが一般的です。業務で使用するソフトウェアやアプリケーションについては，ウイルス感染による情報漏えいを防止するため，会社が承認したものに制限することが必要とされます。

　なお，BYODを認める場合は，情報セキュリティの観点から，利用する機器について事前の申請に基づいて会社が使用の可否を判断し，使用する際のルールを別途「個人端末利用規程」などに定めることが望まれます。

規定例1

> 第○条（情報通信機器）
> 1　会社は，従業員に業務に使用する情報通信機器を貸与する。
> 2　従業員は，会社が貸与する情報通信機器に，会社が承認した以外のソフトウェア・アプリケーションをインストールしてはならない。
> 3　従業員は，会社の事前の許可なく，自己が所有する私物の情報通信機器を業務に使用してはならない。

規定例2

> 第○条（情報通信機器）
> 1　会社は，従業員に業務に使用する情報通信機器を貸与する。
> 2　前項の規定にかかわらず，従業員が自ら所有する情報通信機器（以下「私物の情報通信機器」という）を業務に使用することを希望する場合は，所定の申請書に必要事項を記載のうえ，会社に申請するものとする。
> 3　会社は，前項の申請がなされた場合，私物の情報通信機器の使用の可否を審査し，その結果を遅滞なく申請者に連絡するものとする。

> 4　従業員は，会社の許可を得て私物の情報通信機器を業務に使用するにあたり，個人端末業務利用規程を遵守するものとする。
> 5　従業員は，テレワーク勤務時に利用する情報通信機器に，会社が承認した以外のソフトウェア・アプリケーションをインストールしてはならない。

(5)　情報管理

　テレワークにおける情報セキュリティに関する事項は，テレワーク勤務規程で定めるほか，情報セキュリティポリシーや情報セキュリティマニュアルなどで規定する場合もあります。情報セキュリティについては，社内規程で従業員が遵守すべき事項を明確にするだけでなく，従業員に対して教育・研修等を実施し，その内容を理解させることが大事です。

規定例

> 第○条（情報管理）
> 1　業務に必要な機材，資料その他情報を会社から持ち出す場合は，所属長の許可を得るものとし，また，持ち出した資料等を厳重に管理するものとする。
> 2　業務の遂行にあたっては，情報漏えいを起こさないよう常に注意するものとする。
> 3　テレワークの実施にあたっては，本規程のほか，インターネット利用規程，電子メール利用規程，情報通信機器利用規程，情報管理規程等を含む会社の就業規則を遵守するものとする。

(6)　就労場所

　在宅勤務時の就労場所を従業員の自宅に限定するか否かについては，企業によって考え方が分かれるところです。最近は，カフェや図書館にパソ

コンや資料を持ち込んで仕事をする人が多く見受けられます。外出先で仕事をすることは，隙間時間を効率的に利用するだけでなく，集中力を高める効果があるとも言われています。しかし，公共の場で業務を行うことには，覗き込みや盗み聞きなどによる情報漏えいのリスクを伴います。また，自宅以外の場所で仕事をすることを認めた場合，たとえば，自宅から図書館に就労場所を移そうとして移動中にケガをした場合，業務上の災害に当たるか否かといった問題が生じることにもなります。

　本来，在宅勤務は，従業員の自宅を就労場所として業務を行うことを認めるものであり，在宅勤務と併せてモバイル勤務を認めている場合を除き，在宅勤務の就労場所は，従業員の自宅に限定すべきであるといえます。ただ，介護を目的とした在宅勤務の場合は，要介護者が居住する場所で介護を行いながら仕事をする必要が生じることが想定されることから，そのような場合に備えて，個別の許可により従業員の実家などを就労場所と認めることで対応できるようにしておくとよいでしょう。

　なお，自宅以外の場所で仕事をすることを認める場合は，情報漏えいのリスクをできるだけ減らすために，自宅以外の場所で行うことができる業務内容や業務遂行の方法について，事前にルールを定めておくことが望まれます。

規定例

> 第○条（就業場所）
> 　在宅勤務時の就業場所は，原則として従業員の自宅とし，自宅以外の場所を就労場所とする必要がある場合は，在宅勤務許可申請書にその旨を記載し，承認を得るものとする。

(7)　労働時間

　テレワークに適用する労働時間制については，通常の労働時間制のほか，フレックスタイム制やみなし労働時間制などがあり，いずれの労働時間制を適用するか，あらかじめ定めておく必要があります。テレワークの実施に伴い，フレックスタイム制やみなし労働時間制を新たに導入する場合は，就業形態にかかわらず適用できるように就業規則の本則に新たな労働時間に関する事項を定め，当該規定があることを前提として，テレワーク勤務規程に適用する労働時間制を定めます。テレワークの際の時間外労働や深夜労働・休日労働に関するルールについても，テレワーク勤務規程に定めます。テレワークでの時間外労働や深夜労働，休日労働の可否についてあらかじめ明確にしておくことは，長時間労働や深夜労働・休日労働の恒常化による健康被害の発生を防止するだけでなく，時間外勤務手当や深夜勤務手当・休日勤務手当の支給をめぐるトラブル防止にも役立ちます。

　なお，フレックスタイム制を適用するにあたっては，フレックスタイム制の適用に関する条項を就業規則やテレワーク勤務規程に定めたうえで，労使協定で1日の標準的な労働時間や労働時間を清算する期間等について定める必要があります。また，労働時間の清算期間が1か月を超える場合は，労使協定書を労働基準監督署に届け出る必要があります。

規定例1　通常の労働時間制を適用する場合の例

■テレワーク勤務規程：第○条（労働時間）
1　1日の労働時間および休憩時間は，就業規則第○条（労働時間）の定めによる。
2　前項の規定にかかわらず，従業員は，会社の承認を受けて，始業・終業の時刻および休憩時間を変更することができる。

3 テレワーク勤務では，原則として，時間外労働，深夜労働および休日労働を行ってはならない。

4 前項の規定にかかわらず，業務上，時間外労働，深夜労働または休日労働が必要と認められるときは，所属長への申請に基づき，承認することがある。この場合，時間外労働，深夜労働または休日労働を行った時間および実施した業務内容等について，所定の方法により所属長に報告するものとする。

5 時間外労働，深夜労働および休日労働が行われた場合は，賃金規程第〇条に基づき，割増賃金を支給する。

■就業規則：第〇条（労働時間）

1 所定労働時間は，1週間については40時間，1日については8時間とする。

2 始業時刻，終業時刻および休憩時間は，次の各号のとおりとする。

　　　始業時刻　午前9時00分

　　　終業時刻　午後6時00分

　　　休憩時間　正午から午後1時00分まで

3 始業時刻・終業時刻および休憩時間は，業務の都合により，事前に予告して当該勤務日の所定労働時間の範囲内で，職場の全部もしくは一部または各人において変更することがある。

規定例2 事業場外のみなし労働時間制を適用する場合の例

■テレワーク勤務規程：第〇条（労働時間）

1 1日の労働時間および休憩時間は，就業規則第〇条（労働時間）の定めるところによる。

2 前項の規定にかかわらず，次の各号に該当する場合であって，労働時間の算定が困難な場合は，就業規則第〇条（事業場外みなし労働時間制）を適用し，就業規則第〇条（労働時間）第1項に定める所定労働時間の労働をしたものとみなす。

(1) 業務に用いる情報通信機器の接続が従業員に任されており，所属長の指示

により常時通信可能な状態におくこととされていないこと

(2)　従業員が随時，所属長の具体的な指示に基づいて業務を行っていないこと

3　前項の規定にかかわらず，就業規則第○条（事業場外みなし労働時間制）第2項または第3項の規定に該当する者は，それぞれ各項に規定する時間の労働をしたものとみなす。

■就業規則：第○条（事業場外みなし労働時間制）

1　労働時間の全部または一部について事業場外で業務を行った場合において，労働時間の算定が困難な場合は，第○条（労働時間）に定める所定労働時間の労働をしたものとみなす。

2　前項の業務の遂行について，必要とされる時間が第○条に定める所定労働時間を超えることが通常の場合は，当該業務に通常必要な時間の労働をしたものとみなす。

3　事業場外で行う業務について，あらかじめ，所定労働時間を超えて労働することが必要であるとして労使協定を締結した場合は，労使協定で定めた時間の労働をしたものとみなす。

規定例3　フレックスタイム制を適用する場合の例

■テレワーク勤務規程：第○条（労働時間）

1　就業時間については，就業規則第○条（フレックスタイム制）を適用する。

2　次の各号に規定する時間帯および日は，フレックスタイム制を適用しない。

　　①午後10時から午前5時まで

　　②祝休日，夏期休暇，年末年始休暇

3　前項に定める時間帯または日に勤務する必要があるときは，事前に所属長に届け出て，許可を受けなければならない。

■就業規則：第○条（フレックスタイム制）

1　会社は，必要と認めた場合は，労使協定を締結し，毎月1日を起算日とする

フレックスタイム制を対象となる従業員に適用することができる。この場合，始業時刻および終業時刻は，従業員の決定に委ねるものとする。

2　本条の適用対象者の範囲，清算期間，清算期間における総労働時間，標準となる1日の労働時間その他の事項については，労使協定で定めるものとする。

3　始業および終業の時刻を従業員の決定に委ねる時間帯（以下「フレキシブル・タイム」という）および従業員が勤務しなければならない時間帯（以下「コア・タイム」という）は，次の各号のとおりとする。

①始業のフレキシブル・タイム　午前7時から午前10時まで
②終業のフレキシブル・タイム　午後3時から午後8時まで
③コア・タイム　午前10時から午後3時まで（休憩時間を除く）

規定例4　裁量労働制を適用する場合の例

■テレワーク勤務規程：第○条（労働時間）

1　1日の労働時間および休憩時間は，就業規則第○条（労働時間）の定めるところによる。

2　前項の規定にかかわらず，事業運営に関する事項についての企画，立案，調査および分析の業務（以下「企画等業務」という）を行う従業員については，就業規則第○条（企画業務型裁量労働制）を適用する。

3　深夜労働および休日労働は原則として行ってはならない。

4　前項の規定にかかわらず，業務上，深夜または休日における就労が必要と認められるときは，所属長への申請に基づき，承認することがある。この場合，深夜労働または休日労働を行った時間および実施した業務内容について所定の方法により所属長に報告しなければならない。

5　深夜労働および休日労働が行われた場合は，賃金規程第○条の規定に基づき，割増賃金を支払う。

■就業規則：第○条（企画業務型裁量労働制の適用）

1　事業運営に関する事項についての企画，立案，調査および分析の業務を行う

従業員のうち，業務の性質上，業務遂行の手段および時間配分の決定等につい
て，本人に委ねる必要がある者について，労使委員会における決議がなされた
場合は，企画業務型裁量労働制を適用することとし，当該業務の遂行手段およ
び時間配分の決定等に関し，具体的な指示を行わないものとする。ただし，業
務内容，職場規律，労務管理上の指示等についてはこの限りでない。

2　前項の決議に基づく従業員（以下「裁量労働制適用対象者」という）の所定
労働日における労働時間については，労使委員会で決議した時間を労働したも
のとみなす。

3　本条に定める事項のほか，企画業務型裁量労働制の適用に関する事項は，企
画業務型裁量労働勤務規程によるものとする。

【書式例4】 フレックスタイム制の適用に関する労使協定の例

フレックスタイム制に関する労使協定書

株式会社○○と従業員代表○○○○は，労働基準法第32条の3に基づき，次のとおり協定する。

（フレックスタイム制の適用）
第1条　次の各号に定める部門または要件を満たす者にフレックスタイム制を適用する。
　(1)　営業部，広報部，システム部及び経営企画部に所属する従業員。ただし，事務担当者を除く。
　(2)　小学校就学前の子を養育する従業員で，会社の承認を得た者
　(3)　テレワーク勤務を行う者

（清算期間）
第2条　労働時間の清算期間は，毎月1日から末日までの1か月とする。

（1日の標準労働時間）
第3条　1日の標準労働時間は，8時間とする。

（所定労働時間）
第4条　清算期間における所定労働時間は，清算期間を平均して1週40時間の範囲内で，1日8時間に清算期間中の所定労働日数を乗じて得られた時間数とする。

（フレキシブル・タイム及びコア・タイム）
第5条　フレキシブル・タイム及びコア・タイムは就業規則第○条に定める通りとする。

（超過時間の取扱い）
第6条　清算期間中の実労働時間が所定労働時間を超過したときは，超過した時間に対して，時間外手当を支給する。

（不足時間の取扱い）
第7条　清算期間中の実労働時間が所定労働時間に不足したときは，不足時間を次の清算期間の法定労働時間の範囲内で清算する。

（有効期間）
第8条　本協定の有効期間は，○年○月○日から1年間とする。ただし，有効期間満了の1か月前までに，会社，従業員代表いずれからも申出がないときは，さらに1年間，有効期間を延長し，以後も同様とする。

○年○月○日

株式会社○○○○
代表取締役　○○　○○　　印
従業員代表　○○　○○　　印

(8)　服務規律

　服務規律については，就業規則の本則で定められている遵守事項に追加してテレワーク勤務で必要とされる事項をテレワーク勤務規程で定めます。たとえば，就業規則の本則にハラスメント禁止に関する条項がある場合やハラスメント防止規程がある場合は，テレワークハラスメントの禁止に関する事項をテレワーク勤務規程に定めます。

　なお，最近は，他人の言動に対して不快感や嫌悪感を覚えたときに過剰に反応して「ハラスメントだ！」と主張する，「ハラスメント・ハラスメント」の問題も生じています。たとえば，テレワークを行った日について業務報告書の提出を指示したり，オンライン会議中にビデオ機能をオンにすることを指示すること，業務上の必要に応じてテレワーク勤務中の従業員に対して出社を指示することについて，ハラスメントを主張されることも少なくありません。これらの指示を業務上の必要性に基づいて行う場合は，当然のことながらハラスメントには当たりませんが，これらに関する事項を服務規律として定めておくことで，「ハラスメント・ハラスメント」の防止につながると考えられます。

　なお，就業規則等にハラスメント禁止に関する規定がない場合は，厚生労働省の「職場におけるパワーハラスメント対策が事業主の義務になりました！」に掲載されている「職場におけるハラスメントの防止に関する規定」（Ⅷ　対応例の例1　就業規則に委任規定を設けた上で，詳細を別規定に定める例（p.35））などを参考にして，できるだけ速やかに規程を整備する必要があります。

規定例

第○条（服務規律）

1　テレワークの趣旨を理解し，自律的かつ効率的に業務を遂行し，誠実に業務
　に専念するものとする。

2　業務の遂行にあたり，就業規則に定める服務規律を遵守するものとする。

3　ハラスメント防止規程を遵守し，テレワークにおいても，パワーハラスメン
　ト，セクシャルハラスメント等のハラスメント行為を行ってはならない。

4　業務の進捗状況について，電話，ファクシミリ，電子メールその他所属長が
　指示する方法により報告するものとする。

5　緊急を要する場合を除き，就業時間外において，電子メール，チャット，電
　話その他の方法により業務上の連絡を行わないものとする。

6　オンライン会議の開催に際し，主催者が当該会議の実施目的に鑑みビデオ機
　能をオンにすることを指示した場合は，当該指示に従うものとする。

7　欠勤または就業時間中に私用のために業務を一時中断する場合は，事前に所
　属長に申し出て，許可を得るものとする。ただし，やむを得ない事由により事
　前に申し出ることができない場合は，事後速やかに申し出るものとする。

8　会社が指示した場合，通常勤務する事業場または会社が指定する事業場に出
　社しなければならない。

9　次の各号のいずれかに該当したときは，通常勤務に復帰するものとする。

　　(1)　テレワーク実施許可期間が満了し，期間の更新がないとき

　　(2)　テレワーク実施期間の途中で対象となる業務が終了したとき

　　(3)　テレワーク勤務を行う理由が消滅したとき

　　(4)　通常勤務への復帰を命じられたとき

---

(9)　費用負担

　テレワークに伴い発生する費用には，情報通信機器にかかる費用，通信
回線の設置等にかかる費用，文具，備品，郵送等にかかる費用，水道光熱

費，交通費などがあります。業務に必要とされる費用は，本来，会社が負担すべきものですが，テレワーク勤務に伴って増加する従業員の自宅の水道光熱費や通信費などは，会社が負担すべき部分と従業員が個人で負担すべき部分を分けることが難しいため，これらの費用については，従業員の負担としたり，テレワーク勤務手当として会社が一定額を支給する場合があります。

業務に伴い発生する費用を従業員に負担させる場合は，労働基準法第89条により就業規則等に定めておく必要があります。また，テレワーク手当として一定の金額を支給する場合は，テレワーク手当の支給について就業規則や賃金規程に定めるほか，当該手当は割増賃金の算定基礎に含まれることから，割増賃金の計算に関する規定の変更も必要となります。

規定例1

第○条（費用負担）
1　従業員は，テレワーク勤務の実施に伴い自宅において通信回線等の初期工事および回線の設置等を行った場合は，その費用を会社に請求できる。なお，請求可能な費用の内訳は，別に定める。
2　テレワーク勤務により発生する郵送費，事務用品にかかる費用その他会社が認めた費用は，会社の負担とする。
3　通信費および水道光熱費その他の費用は，従業員の負担とする。

規定例2

第○条（テレワーク勤務手当）
1　テレワーク勤務（終日在宅勤務に限る）を行う日が1か月平均週3日以上の場合は，従業員の自宅の通信費および水光熱費のうちの業務負担分としてテレワーク勤務手当を支給する。

> 2 前項に定めるテレワーク勤務手当が支給される月については，通勤手当を支給しないこととし，出勤した日の交通費については実費精算とし，給与支給日に支給する。

⑽ 連絡体制

テレワーク勤務中にトラブルや情報通信機器の故障等が発生した際の連絡方法，災害発生時の安否確認，日常的伝達事項の連絡方法など，テレワーク勤務時の連絡方法を内容の重要性や緊急度等に合わせて定めておきます。連絡体制がしっかり整えられていることにより，従業員も安心して働くことができます。

規定例

> 第○条（連絡体制）
> 1 テレワーク勤務時に事故等が発生した場合，従業員は，所属長に連絡する。なお，所属長が不在の場合は，所属長が予め指名した者に連絡する。
> 2 緊急事態が発生した場合，テレワーク勤務中の従業員への連絡は所属長が行うものとする。なお，従業員は，不測の事態が発生した場合において確実に連絡が取れる方法を予め所属長に申請しておかなければならない。
> 3 情報通信機器等の不具合が生じた場合の連絡先は情報管理部とし，所属長に事後速やかに報告する。
> 4 社内報，部署内回覧物等については，予め部署内で決めた担当者が連絡する。

⑾ 教育・研修

テレワークを行う際に遵守しなければならない事項や，テレワークに使用する情報通信機器やツールの利用方法について確認するため，テレワー

クを行う従業員に研修等の受講を義務付ける場合は，その旨をテレワーク勤務規程または就業規則の本則に定めておかなければなりません。

規定例

> 第○条（教育・研修）
> 1　会社は，従業員に対し，業務に必要な知識・技能を高め，資質の向上を図るため，必要な教育・研修を行う。
> 2　従業員は，前項の教育・研修を受講するよう指示された場合，特段の事由がない限り，受講しなければならない。

⑿　モニタリング

　テレワーク中の業務遂行状況を確認する方法の一つとして，パソコンのログ管理が挙げられます。パソコンのログとは，パソコンの電源を入れてから切るまでに発生するパソコンの操作履歴のことです。従業員がテレワークに使用するパソコンに専用ツールを導入してログを取得し，管理することによって，従業員の業務遂行状況を正確に把握することができます。このほか，業務支援ツールやパソコンのカメラ機能を使って就労状況を確認することも可能です。

　ただ，会社が専用ツールやカメラ機能を使用してテレワーク中の就労状況をモニタリングすることにストレスを感じる人は少なくないことから，過度の監視を行わないよう配慮することが必要となります。また，モニタリングは，プライバシーとの関係で問題となりうることから，モニタリングを実施する場合は，その旨をテレワーク規程に明記し，あらかじめ従業員に周知しておくことがトラブル防止の観点から大事です。

規定例

> 第○条（モニタリング）
> 1　就労状況を確認する目的で，会社は，従業員が使用する情報通信機器等およ
> 　び従業員の自宅等に設置した WEB カメラ等によりモニタリングを実施できる。
> 2　前項に定めるモニタリングを実施するにあたっては，会社は，従業員に対し，
> 　実施目的，実施方法，実施時間帯および収集する情報等について事前に通知す
> 　るものとし，従業員のプライバシーを侵害しないよう配慮する。

⒀　テレワーク勤務規程の例

　在宅勤務，モバイル勤務，サテライトオフィス勤務は，いずれもテレ
ワーク勤務ですが，就業場所が異なり，就業する際に遵守すべき事項につ
いても異なる部分があることから，勤務形態ごとに別規程として定めるこ
とが考えられます。ただ，中小規模の事業場では，すべてのテレワーク勤
務形態に適用可能なテレワーク規程を作成することを希望することも少な
くありません。【規程例1】は，在宅勤務，モバイル勤務，サテライトオ
フィス勤務のいずれにも適用可能なテレワーク規程の例となっていますの
で，テレワーク勤務規程を作成する際の参考にしていただければと思いま
す。なお，厚生労働省の「テレワークモデル就業規則～作成の手引き」に
掲載されている，モデル「テレワーク就業規則」（在宅勤務規程）にも，
モバイル勤務やサテライトオフィス勤務に関する事項が定められています。

【規程例1】 テレワーク勤務規程の例

テレワーク勤務規程

第1条（目的）

　この規程は，柔軟で効率的な就業環境の整備による業務効率の向上および従業員のワークライフバランスの実現を目的として，情報通信技術を利用した事業場外勤務の円滑な遂行に必要な事項を定めるものである。

第2条（定義）

　この規程において，「テレワーク勤務」とは，事業場外において情報通信技術を利用して，次の各号のいずれかの勤務形態により業務に従事することをいい，テレワーク勤務を行う者を「テレワーク勤務者」という。

　(1)　在宅勤務

　　「在宅勤務」とは，従業員の自宅または自宅に準ずる会社が承認した場所において業務に従事することをいい，在宅勤務を行う者を「在宅勤務者」という。

　(2)　モバイル勤務

　　「モバイル勤務」とは，携帯電話，スマートフォン，タブレット型端末，ノートパソコンその他通信機能を有する機器（以下「情報通信機器等」という。）を利用して，事業場外において特定の場所に依拠せず業務を行うことをいい，モバイル勤務を行う者を「モバイル勤務者」という。

　(3)　サテライトオフィス勤務

　　「サテライトオフィス勤務」とは，従業員が通常勤務する事業場以外の事業場，営業所，施設等（以下「サテライトオフィス」という。）において業務を行うことをいい，サテライトオフィス勤務を行う者を「サテライトオフィス勤務者」という。

第3条（適用対象者）

1　テレワーク勤務の適用対象者は，テレワーク勤務を希望する者のうち，所属長の承認を得た者とする。ただし，次の各号に該当する者については，テレワ

ーク勤務を認めない場合がある。

(1) 採用後間もなく，自律的に業務を行うことが難しいと認められる者
(2) 情報通信機器等の操作に不慣れな者
(3) 業務の効率化が認められない者
(4) 職務内容がテレワーク勤務に適さない者
(5) 会社が不適当と認めた者

2 　会社は，業務上必要な場合は，従業員に対してテレワーク勤務を命じることができ，従業員は，正当な理由なくこれを拒むことができない。

第4条（申請手続）

1 　テレワーク勤務を希望する者は，勤務形態毎に定められるテレワーク勤務許可申請書を所属長に提出し，その承認を得るものとする。

2 　在宅勤務を希望する者は，テレワーク勤務許可申請書に加え，所定の執務環境等申告書を提出するものとする。

3 　テレワーク勤務の許可を受けた者がテレワーク勤務を行うときは，前日までに所属長に届け出るものとする。ただし，やむを得ない事由による場合は，当日の届出を認める。

4 　会社は，業務上その他の事由により，テレワーク勤務の可否を判断し，また，一旦与えたテレワーク勤務の許可を取り消す場合がある。

第5条（情報通信機器等の貸与）

1 　会社は，テレワーク勤務者に対し，業務の遂行に必要な情報通信機器等を貸与する。

2 　テレワーク勤務者は，会社が貸与する情報通信機器等に会社の承認のないソフトウェア・アプリケーションをインストールしてはならない。

第6条（私物の情報通信機器等の利用）

1 　テレワーク勤務者は，私物の情報通信機器等を業務に利用すること希望するときは，所定の申請書を会社に提出し，事前の許可を得るものとする。

2　前項の許可に基づいて私物の情報通信機器等を業務に使用するテレワーク勤務者は、会社が定める個人端末業務利用規程を遵守して業務を行うものとする。

第7条（就業場所）

1　在宅勤務者及びサテライトオフィス勤務者の就業場所は、会社が指定する場所とする。

2　モバイル勤務者は、公衆の場所において業務を行う場合は、社会通念に照らして適切な場所を選択するものとする。

第8条（情報漏えいの防止）

1　テレワーク勤務者は、業務の遂行にあたり情報漏えいの防止に努め、情報セキュリティ規程、ネットワーク管理規程、インターネット利用規程等の附属規程を含む就業規則を遵守するものとする。

2　テレワーク勤務に必要な機器、資料その他情報を会社から持ち出す場合は、あらかじめ所属長の許可を得るものとし、持ち出した機器、資料その他情報を厳重に管理し、第三者が閲覧、撮影、複写等をしないよう、最大限の注意を払わなければならない。

3　モバイル勤務者は、公共の場所等において業務を行う際は、盗み聞き、覗き見等が行われないよう十分注意するものとする。

第9条（服務規律）

1　テレワーク勤務者は、テレワーク勤務の実施目的を理解し、自律的かつ効率的に業務を遂行し、誠実に業務に専念するものとする。

2　テレワーク勤務者は、業務の遂行にあたり、就業規則に定める服務規律を遵守するものとする。なお、サテライトオフィス勤務者は、就業規則のほか、利用するサテライトオフィスの利用規約を遵守し、就業規則の服務規律とサテライトオフィスの利用規約が競合するときは、サテライトオフィスの利用規約を優先することとする。

3　テレワーク勤務者は、ハラスメント防止規程を遵守するものとし、パワーハ

ラスメント，セクシャルハラスメント等のハラスメント行為を行ってはならない。

4　テレワーク勤務者は，業務の進捗状況について，電話，ファクシミリ，電子メールその他所属長が指示する方法により報告するものとする。

5　緊急を要する場合を除き，就業時間外において，電子メール，チャット，電話その他の方法により業務上の連絡を行わないものとする。

6　オンライン会議の開催に際し，主催者が当該会議の実施目的に鑑みビデオ機能をオンにすることを指示した場合は，当該指示に従うものとする。

7　欠勤または就業時間中に私用のために業務を一時中断する場合は，事前に所属長に申し出て，許可を得るものとする。ただし，やむを得ない事由により事前に申し出ることができない場合は，事後速やかに申し出るものとする。

8　テレワーク勤務者は，会社が指示した場合，通常勤務する事業場または会社が指定する事業場に出社しなければならない。

9　テレワーク勤務者は，次の各号のいずれかに該当したときは，通常勤務に復帰するものとする。

(1)　テレワーク実施期間が満了し，期間の更新がないとき

(2)　テレワーク実施期間の途中で対象となる業務が終了したとき

(3)　テレワーク勤務を行う理由が消滅したとき

(4)　通常勤務への復帰を命じられたとき

第10条（労働時間）

1　テレワーク勤務者の労働時間，休憩時間及び休日は，就業規則第○条の定めによる。

2　前項の規定にかかわらず，テレワーク勤務者は，会社の承認を受けて，始業・終業の時刻及び休憩時間を変更することができる。

3　テレワーク勤務者は，業務の開始時及び終了時において，所属長の指示に基づき，電話，電子メールまたは勤怠管理ツールのいずれかの方法により所属長に連絡するものとする。

4　テレワーク勤務者が就業時間中に，私用のために業務を一時中断した時間及

び自宅と会社または取引先等との間を移動した場合の移動時間は，休憩時間とする。ただし，業務上の事由により移動を命じられた場合における当該移動に要する時間は，労働時間として扱う。

5　テレワーク勤務者は，原則として，時間外労働，深夜労働及び休日労働を行ってはならない。ただし，業務の都合により，時間外労働，深夜労働または休日労働が必要と認められるときは，所属長への事前の申請に基づき，認めることがある。

第11条（費用負担）

1　在宅勤務者が在宅勤務の開始に伴い，自宅において通信回線の初期工事及び回線の設置等を行った場合は，それに要した費用を会社に請求できるものとする。また，在宅勤務の実施時に発生する通信費，郵送費，事務用品にかかる費用その他会社が認めた費用は，会社の負担とする。なお，会社に請求可能な費用の範囲及び請求方法は，別途定める。

2　在宅勤務に伴って発生する水道光熱費は，在宅勤務者の負担とする。

3　会社がテレワーク勤務者に貸与する情報通信機器及び当該機器にかかる通信・通話料は，全額会社が負担する。また，テレワーク勤務者が私物の情報通信機器を業務に利用する場合の通信・通話料は，原則として会社負担とし，業務利用分の算定が難しい場合は，テレワーク勤務者と協議する。

4　サテライトオフィス勤務者は，サテライトオフィス利用料その他諸費用について立替払いをした場合，明細の記載がある領収書を会社に提出するものとする。

第12条（連絡体制）

1　テレワーク勤務時に業務上の事故等が発生した場合，テレワーク勤務者は，所属長に連絡するものとする。なお，所属長の不在時は，所属長があらかじめ指定した者に連絡するものとする。

2　情報通信機器に不具合が生じた場合，テレワーク勤務者は，情報管理部に連絡し，所属長にも事後速やかに報告するものとする。

3　緊急事態が発生した場合のテレワーク勤務者に対する連絡は，所属長または所属長が指名した者が行うものとし，連絡完了後，速やかにその旨を総務担当者に報告するものとする。なお，テレワーク勤務者は，不測の事態が発生した場合の会社からの連絡に備えて，複数の連絡方法を所属長に届け出ておくものとする。

4　社内報，部署内の連絡事項及び回覧物等については，あらかじめ部署内で決めた担当者がテレワーク勤務者に連絡するものとする。

第13条（教育・研修）

1　会社は，テレワーク勤務者に対し，業務に必要な知識・技能を高め，資質向上を図るために必要な教育・研修を行う。

2　テレワーク勤務者は，会社から教育・研修を受けるよう指示されたときは，正当な事由がない限り，指示された教育・研修を受けなければならない。

第14条（災害補償）

テレワーク勤務中の業務上災害については，就業規則第○条の定めによる。

第15条（安全衛生）

1　会社は，テレワーク勤務者の安全衛生の確保及び改善を図るため，必要な措置を講じる。

2　テレワーク勤務者は，安全衛生に関する法令を遵守し，会社と協力して労働災害の防止に努めるものとする。

第16条（モニタリング）

テレワーク勤務者の就労状況等を確認するため，就業規則第○条の定めに基づき，テレワーク勤務者が使用する情報通信機器または自宅に設置した WEB カメラなどによりモニタリングを実施することできる。

附則

この規程は，○年○月○日より施行する。

3　BYOD規程で定めておくべき事項

　従業員の私物端末を業務に利用させる場合は，情報セキュリティの観点から，BYOD（Bring Your Own Device）規程の作成が必要です。BYOD規程を作成するにあたっては，自社における私物端末の利用状況や従業員のニーズを確認・把握し，現実に遵守可能な内容にすることが大切です。守れないルールを定めることは，かえってリスクを増大させる原因になりかねません。規程内容も，できるだけシンプルでわかりやすいものにすることが望まれます。総務省の「中小企業等担当者向けテレワークセキュリティの手引き（チェックリスト）」では，従業員の個人所有端末を使用してテレワークを実施する際のセキュリティ対策がテレワークの実施方式ごとにまとめられており，BYOD規程を策定する際の参考になると思われます。

　また，BYOD規程を従業員に周知する際は，BYOD規程を策定した趣旨について説明し，BYODを行うに際して従業員が受ける規制やBYODに伴うデメリット，BYOD規程に違反した場合に受ける処分などについて周知することが大切です。また，セキュリティ対策や監査等を実施する際に，従業員のプライバシーにかかわる問題が生じうることが想定されることから，BYODを行う従業員については，誓約書などにより，あらかじめ次のような事項について本人の同意を得ておくことが望まれます。

・BYODを行うにあたっては，事前に会社の承認を得ること
・BYOD規程を遵守すること

- ・基本ソフトやアプリケーションについては，会社が認めているもののみを利用し，改造等を行わないこと
- ・BYODに使用する私物端末に前職等の業務情報が残っていないこと
- ・BYODに使用する私物端末を第三者に貸与しないこと
- ・BYODに使用する私物端末の紛失，盗難，故障，不具合，ウイルスへの感染，またはそのおそれが生じたときは，直ちにその旨を会社に届け出て，会社の指示に従うこと
- ・業務監査などにより会社からBYODに使用する私物端末の提出及び調査を求められたときは，これに協力すること
- ・BYODの終了に際しては，私物端末内に記録されたデータ及び業務用アプリケーションその他一切の業務情報を消去すること

【規程例2】私物端末の業務利用にかかる規程（BYOD規程）の例

私物端末の業務利用にかかる規程

第1条（目的）

　この規程は，業務効率の向上及び情報セキュリティの維持・向上を図るため，個人名義で所有する情報通信機器（以下「私物端末」という。）の業務利用についての社内基準を確立することを目的とする。

第2条（対象）

1　この規程は，従業員及び役員（以下「従業員等」という。）に適用する。

2　委託事業者及び派遣社員等については，私物端末を使って会社の情報システムへ接続することを禁止する。

第3条（定義）

　この規程において，「私物端末」とは，従業員等が個人名義で所有するパソコン，スマートフォン，タブレット型端末その他の情報通信機器をいう。

第4条（利用許可）

1　私物端末を会社の業務に利用することを希望する従業員等は，所定の利用許可申請書を提出し，会社の許可を得なければならない。

2　利用許可を得た従業員等に限り，許可条件に従い，会社が認めた範囲内において，私物端末を業務に利用することができる。

3　会社は，従業員等が業務に利用する私物端末について，業務上必要と判断される範囲内で，機能の制限，設定の変更，私物端末内の情報の削除等を指示することができ，従業員等は，会社の指示に従わなければならない。

4　会社は，従業員等の私物端末の利用状況に鑑み，随時，利用許可を取り消すことができる。

5　利用許可を得ていない従業員等については，私物端末による業務上の電子メール，業務情報，顧客情報，業務用アプリケーションの使用及び会社のシステムへの接続を禁止する。

第5条（遵守事項）

1　私物端末の業務利用に際しては，この規程のほか，利用許可申請書に記載される事項及び情報セキュリティ規程を含む会社の諸規則を遵守するものとする。

2　会社が実施する私物端末の業務利用にかかる教育・研修を受講しなければならない。

3　業務利用の許可を受けた私物端末に会社が利用を禁止するソフトウェア・アプリケーション等を導入してはならず，また，私物端末内のソフトウェア・アプリケーションを改ざんしてはならない。

4　会社から業務利用の許可を受けた私物端末以外の私物端末を業務に利用しようとする場合は，会社に利用許可申請書を提出し，事前の許可を得なければならない。

5　業務利用の許可を得た私物端末を第三者に貸与し，または使用させてはならない。

6　業務利用の許可を得た私物端末の紛失・盗難，故障，不具合が発生した場合，たはウイルス等に感染し，もしくはそのおそれがあると判断した場合は，直ち

に会社に報告し，会社の指示に従わなければならない。

7　転籍・退職などにより，または故障，機種変更等の事由により業務利用の許可を得た私物端末の業務利用を終了する場合は，所定の利用許可解除申請書を提出し，会社の承認を得るものとする。なお，利用許可を解除されたときは，当該私物端末に保存されている会社の業務にかかわるすべての情報を削除するものとする。

第6条（善管注意義務）

1　善良なる管理者の注意義務をもって業務利用の許可を得た私物端末を管理・利用しなければならない。

2　業務利用の許可を得た私物端末の管理・利用にあたり，業務情報と私的情報を明確に分けて取り扱わなければならない。

3　この規程及び情報セキュリティ規程の改訂，変更に注意を払い，常に最新の規定内容を理解していなければならない。

4　業務利用の許可を得た私物端末の管理・利用に関する事項については，所定の相談窓口に相談するものとする。

第7条（監査）

1　業務利用の許可を得た私物端末の業務利用状況について，会社の求めに応じて監査を受けなければならない。

2　会社は，業務利用の許可を得た私物端末の利用状況を確認するために，従業員等に私物端末の提出を求めることができ，また，私物端末内に記録されているすべての情報（削除された情報を含む）を閲覧し，複写等により情報の収集を行うことができる。

3　従業員等は，監査を受けるにあたり，業務利用の許可を得た私物端末の設定，安全性，業務関連情報の保存状態等を確認するための操作等に協力するものとする。

第8条（緊急措置）

1　会社は，従業員等がこの規程に違反し，もしくはそのおそれがあると判断した場合，または情報セキュリティ上の必要性があると判断した場合は，即時に私物端末の業務利用の許可を停止または解除することができる。

2　前項の場合，従業員等は会社の指示に従い，私物端末内の情報（従業員等の個人情報を含む場合がある）の削除を含め，情報セキュリティ上，必要性があると会社が判断する措置（以下「緊急措置」という。）を即時に講じなければならない。

3　従業員等が前項に基づき緊急措置を講じない場合，または自ら緊急措置を講じることが困難であると認められる場合，会社は，遠隔操作等により緊急措置を講じることができる。なお，緊急措置を講じたことにより従業員等に発生した損害について，会社は一切責任を負わないものとする。

第9条（懲戒等）

1　この規程に違反した場合，就業規則第○条に基づく懲戒処分を受けることがある。

2　この規程に違反して会社に損害を与えた場合，損害賠償請求を受けることがある。

附則　この規程は，○年○月○日から施行する。

【書式例5】私物端末の業務利用に関する誓約書（BYOD誓約書）の例

私物端末の業務利用に関する誓約書

私は，個人名義で所有する情報通信機器（以下「私物端末」という）を業務に利用するにあたり，次のとおり誓約します。

1　業務に利用する私物端末は，私の名義で契約し所有するものであって，利用許可書に記載されている機器のみとします。
2　利用許可書に記載されている私物端末には，他の企業の機密情報及び持出，複製，第三者への開示が禁止された情報等は一切保存されていません。
3　私物端末の業務利用にあたっては，利用目的及び利用範囲を利用許可書に明記された事項に限定し，会社の定める諸規程を遵守します。
4　ソフトウェア・アプリケーションについては，会社が認めたもののみを利用し，改造等を行いません。
5　会社が私物端末に業務上必要とされる機能制限，設定変更，データ等の削除を行うこと，また，私物端末の利用状況を確認するための情報収集を行うことに同意します。
6　会社が必要と判断した場合，私物端末を会社に提出し，私物端末内に記録されている一切のデータ（削除データを含む）を会社が閲覧・複写することに同意します。
7　私物端末を第三者に貸与せず，また，使用させません。
8　私物端末の紛失・盗難，故障・不具合，コンピュータウイルスへの感染，またはそのおそれが生じた場合は，直ちにその旨を会社に届け出て，会社の指示に従います。また，会社が緊急の措置が必要と判断した場合，私物端末内のすべての情報（個人情報を含む）の削除等を行うことに同意します。
9　私物端末の業務利用終了に際しては，私物端末内に記録されたデータ及び業務用ソフトウェア・アプリケーションその他の業務にかかわる一切の情報を消去します。
10　本誓約書及び私物端末の業務利用に関する諸規程に違反した場合，私物端末の利用許可を取り消されても一切異議を申しません。

年　　　月　　　日

株式会社○○○　御中

従業員番号
所属
氏　名　　　　　㊞

第 5 章

運用上の課題と対策

　テレワークを導入した企業では，テレワークの実施により働き方改革が進んだと感じる一方で，それまでにはなかった労務管理上の課題に悩むことが多いものと思われます。そこで，本章では，企業が直面することが多いと思われるテレワークの運用上の課題とその対策について見ていきます。

課題1
テレワークができない従業員から不公平だという声が上がる

　会社がテレワークの実施対象者を限定している場合や，会社または従業員の自宅のテレワーク環境が整っていないことで従業員が担当する業務がテレワークでは行えない場合は，テレワークができない従業員が出てきます。

　テレワークを行えないことについて不満を持つ従業員への対応としては，まず，自社においてテレワークを実施する目的を明確にして，従業員の意識改革を図ることが大事です。一方で，希望者がテレワークを実施できるように，社内のテレワーク環境を整備し，業務の棚卸しや業務プロセスの見直しを行い，テレワークで行える業務の範囲を拡大し，テレワークの実施対象者を拡大していくことが望まれます。テレワーク導入済みの企業においても，導入当初は実施対象者を育児・介護期にある従業員など特別な

事情がある従業員に限定し，テレワークの実施状況やテレワークを希望する従業員のニーズを踏まえて徐々に実施対象者の範囲を拡大していくケースが多いです。

　また，テレワークでは行えない業務を行う従業員への対応としては，IT技術を活用して業務の省力化を推進し，業務の効率化を図り，働きやすい環境を整備することで，従業員の満足度向上を図ることが考えられます。実際，ある大手メーカーでは，工場勤務以外の従業員にテレワーク勤務を認める一方で，工場勤務の従業員のみを対象としてタブレット型端末を1人1台支給したところ，社内アンケートを実施した際に，業務効率がアップしたという回答が多く寄せられ，従業員満足度が向上したという例があります。

　テレワークを円滑に運用するためには，テレワーク勤務者だけでなくすべての従業員が，会社がテレワークの実施する目的について理解できるように周知するとともに，通常勤務者の働きやすさやワーク・ライフ・バランスに配慮した仕組み作りに積極的に取り組むなど，バランスのとれた対応が求められます。

【課題解決に向けた企業の取り組み例】

■導入当初は育児・介護による利用に限定していたが，数年かけて対象者を生産工程以外の全従業員に拡大した。
■在宅勤務の従業員に代わり電話対応をする通常勤務の従業員に手当を支給している。
■名刺に携帯番号のみを記載し，通常勤務者の電話対応の負担を軽減した。
■工場勤務の従業員の業務の棚卸を実施して，業務の一部についてテレワークで実施できるようにした。

課題2 ....

　「テレワークだとコミュニケーションをとるのが難しい」「上司や同僚に
相談しづらい」などの声が多い

　テレワークでは，上司や同僚とのコミュニケーションが円滑に行われる
ことが，業務効率の維持・向上のためだけでなく，従業員のメンタルヘル
スを良好に保つうえでも大切になります。テレワークのデメリットとして
コミュニケーションの難しさを挙げる企業は少なくありません。しかし，
テレワークで働く人を対象に実施されたアンケートでは，「テレワークを
始めてから毎日必ず始業時と終業時に上司と電話で報・連・相を行うよう
になり，同僚とも意識的にコミュニケーションをとるように心がけるよう
になったことで，以前よりも職場のコミュニケーションが活性化した」と
回答している人もいます。テレワークだとコミュニケーションが難しいと
決めつけることなく，テレワークに適したコミュニケーション方法を工夫
して，コミュニケーションの活性化に積極的に取り組むことが大事です。
　テレワーク導入済みの企業では，テレワークによるコミュニケーション
の希薄化を防ぎ，上司と部下や同僚間のコミュニケーションを活性化させ
るため，次のようなことが実践されています。

【課題解決に向けた企業の取り組み例】

■上司と部下の1対1のオンラインミーティングを毎日実施して，業務の
　内容や目的，進捗状況などについて確認している。
■プロジェクトで進める業務については，メンバー全員が参加するオンラ
　インミーティングを高い頻度で実施している。
■常時テレワーク勤務の従業員について出社日を設け，定期的に出社させ
　ている。

■同じ部署で働くメンバー同士がお互いの業務スケジュールをパソコンや
　スマートフォンで確認できるようにしている。
■テレワークでも参加できるよう社内や取引先との打ち合わせは，原則と
　してオンライン会議で行っている。
■社内 SNS やビジネスチャットを導入し，雑談がしやすいようにしている。
■カメラ機能付き情報通信機器を利用して，テレワーク勤務者とオフィス
　勤務者が職場で机を並べて働いているのと変わらない環境を作っている。

　コミュニケーションの活性化を図る方法としては，オンラインミーティ
ングの前後に雑談タイムを設ける，休憩時間に利用できる雑談専用の
チャットルームを設ける，出社した際に従業員同士が業務外のことを語り
合えるように，オフィスに雑談用スペースを設けて，コミュニケーション
の機会を増やすことなどが挙げられます。また，福利厚生としてオンライ
ンのゲーム大会を開催したり，ランチ会や懇親会への補助を実施したり，
従業員同士が互いに感謝の気持ちを表すメッセージやポイント（数百円程
度）を贈りあう仕組みを導入した企業の例もあります。
　なお，チャットや電話でのコミュニケーションは，回数が多くなりすぎ
ることでかえって業務効率が低下したり，情報共有に漏れが生じたりする
ことがあります。集中して業務を行う時間を確保するためには，チャット
や電話によるコミュニケーションを控える時間帯を設けることが考えられ
ます。また，情報共有の漏れにより業務に支障が生じることへの対策とし
ては，日報や月報を作成することが挙げられます。特に，管理職は，複数
の部下から報・連・相を受け，情報共有し，指示することが必要となるこ
とから，ルールを定めて効率的なコミュニケーションを心がけることが求
められます。

課題3

テレワークだと部下の評価が難しいという管理職が多い

　テレワーク勤務者についても通常勤務の従業員と同じように評価できるようにするためには，働く場所にかかわらず適切な評価を行える評価システムが必要となります。働き方の多様化が進むなかで，どのような働き方を選択しても，公平かつ適正な評価が行われる仕組みが設けられていなければ，部下を評価する立場にある管理職も，評価される側の部下も安心して働くことができません。そのため，テレワークの導入を機に，人事評価システムの見直しを行う企業も少なくありません。

　管理職がテレワークを行う部下を適切に評価できるようにするためには，管理職のマネジメント力の向上を図ることも大事です。会社がテレワークを実施する目的を理解し，会社の人事評価システムを使ってテレワーク勤務者について適正な評価を行い，担当部署および会社全体の生産性を向上を図ることが管理職に求められる役割です。そして，管理職がその役割を果たすためのマネジメント力を養う機会を設け，管理職を対象とする研修等を実施することは，企業がテレワークを恒常的制度として円滑に運用するうえで必須であるといえます。

【課題解決に向けた企業の取り組み例】

> ■管理職全員に定期的にテレワークを実施させている。
> ■マネジメント研修のメニューに「テレワークの有効活用」を追加し，ワークショップにより有効事例や指導方法の共有を図っている。
> ■評価者研修と被評価者研修を実施している。
> ■管理職研修の予算を拡大した。
> ■評価基準の見直しを行い，ジョブ型賃金制度を導入した。

課題4

テレワークを始めたら従業員エンゲージメントが低下したように感じる

「従業員エンゲージメント」は，「組織に対する自発的な貢献意欲」や「会社に対する愛着心や思い入れ」を指し，従業員エンゲージメントの高い従業員が多く働く企業では生産性も高くなることが様々な研究調査からわかっています。株式会社エモーションテックが実施した「テレワーク時における従業員エンゲージメント調査」では，「テレワークが開始する前と比べて，エンゲージメントはどう変化したか」という問いに対し，オフィス勤務時と比べて生産性が高まったと感じている人ほど，会社に対するエンゲージメントが高まったと回答する人の割合が高くなっています。特に，生産性が高まったと回答している人の場合，会社へのエンゲージメントが「高くなった」と回答した人の割合が「低くなった」と回答した人

図表5-1　　テレワークが開始する前と比べてエンゲージメントはどう変化したか

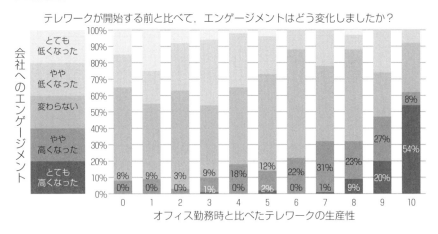

（出典）株式会社エモーションテック「テレワーク時における従業員エンゲージメント調査」

の割合を大きく上回っており，テレワークでの生産性とエンゲージメントの間に強い相関性があることが見て取れます。

　また，一般社団法人日本経済団体連合会（経団連）は，2022年4月12日に公表した「エンゲージメントと労働生産性の向上に資するテレワークの活用」において，「テレワークには，BCP対策としての有効性はもとより，ワーク・ライフ・バランスの実現やダイバーシティ＆インクルージョンの推進に資するなど様々なメリットがある。さらに，業務のデジタル化など就労環境・支援制度の整備や，働き手の自律性を重視した働き方などマネジメントの見直しを進めることで，付加価値の創出と業務の効率化につながる施策となり得る。企業は，感染予防対策としてのテレワークから，働き手のエンゲージメントと組織・チームの労働生産性の向上を目的とする人事労務上の重要施策として，テレワーク（在宅勤務，サテライトオフィス勤務，モバイルワーク）を明確に位置付け，進化させる必要がある」としています。そして，テレワークを活用してエンゲージメントと生産性を高めるマネジメントの見直し・実現ポイントについて，次のようにまとめています。

図表5-2　　エンゲージメントと生産性を高めるマネジメントの見直し・実現

① 自律的な業務遂行の推進

- テレワークを活用して付加価値を創出していくには，社員の自律性を重視し，可能な限り権限・裁量を委ね，成長を支援するマネジメントがカギ
- 管理職には，部下の成長を支援し，チームワークの発揮を促すリーダーシップへと意識を変えていくことが求められる。部下には，組織・チームに貢献する意識を持ち，より主体的に提案や情報共有に努めることが望まれる

② コミュニケーションの効率化・活性化による生産性向上

- テレワークの活用に当たっては，ICTツールを活用して，社員間の円滑なコミュニケーションを促すことが基本。その上で，効果的にコミュニケーションを行う工夫が必要
- 社員同士のつながりを強める工夫も大切であり，人間関係の構築に向けて仕事に限らないコミュニケーションの機会を増やすことが有効
- テレワーク時のハラスメント防止に向けて，ルールの策定や相談窓口の開設等を推進。社員に正しい理解を促し，未然防止に努めることが必要

③ 適切な健康管理・労働時間管理

- 企業は，テレワーク時のストレスを軽減し，健康を維持・増進させていくため，労働時間を適切に管理。あわせて，ICTツールを活用したコミュニケーションなどを通じて社員の健康状態の把握に努め，状況に応じて業務量や労働時間を調整
- メンタルヘルス不調を防止する観点から，セルフケアとラインケアを支援する施策を推進
- 働き手には，意識的な仕事と生活の切り替えなど自身の健康を維持・向上させる姿勢が望まれる

④ 人材育成施策の拡充

- 効果的なOJT・Off-JTの実施に向けて，その方法や内容を見直すことが必要
- OJTは，実施効果をより高めるため，マニュアルを作成して計画的に取り組むことに加えて，上司との1on1ミーティングや先輩社員によるサポート（メンター制度）を行うことが効果的
- Off-JTは，オンラインと対面を適切に組み合わせながら，社員が自身に必要なプログラムを主体的に選択できるようにすることが肝要。なお，デジタルリテラシー・スキル研修を実施することは，DX実現に大きく寄与

（出典）一般社団法人日本経済団体連合会「エンゲージメントと労働生産性の向上に資するテレワークの活用」

　経団連が2023年1月17日に公表した「2022年人事・労務に関するトップ・マネジメント調査結果」においても，「社員のエンゲージメントを高める施策」について各企業がさまざまな施策を実施しているなかで，「場所・時間に捉われない柔軟な働き方の推進」は，「明確な効果がみられる」施策の第1位となっています。

図表5-3　社員のエンゲージメントを高める施策

(出典) 一般社団法人日本経済団体連合会「2022年人事・労務に関するトップ・マネジメント調査結果」

　ニューノーマル時代には，オフィス勤務とテレワーク勤務を併せて行うハイブリッド勤務が主流になると予測されています。新しい時代において求められる新しい働き方に対応するためにも，従業員エンゲージメントが下がるからテレワークを行わないのではなく，テレワークを行いやすい環境を整備することで従業員エンゲージメントの向上や生産性の向上につなげることが大事です。

　テレワーク勤務で従業員エンゲージメントを高めるポイントを3つ挙げると，1つは，効率的なコミュニケーションの実施です。特に，生産性を高めるためには，1on1ミーティングの実施が効果的です。テレワークでは，「何をやるか」，「いつまでにやるか」，「どこまでやるか」，「どれく

らい時間をかけるか」を明確にすることが大事です。これらがあらかじめ
明確になっていれば、従業員はさほどストレスを感じることなく業務を遂
行することができます。1on1ミーティングを通して上司が部下の業務
内容や進行スケジュールについての目標管理を行い、部下が仕事にやる気
を感じているかを確認し、部下が努力したことや達成した成果に対する評
価を言葉にして伝えることは、従業員エンゲージメントを高めるうえで大
事なことです。

　2つ目のポイントは、働きやすいテレワーク環境を整備することです。
組織的、技術的、物理的にテレワーク環境を整えることで仕事が行いやす
くなり、その結果生産性が向上することで、従業員エンゲージメントの向
上が期待できます。具体的取り組みとしては、テレワークを行いやすい
ネットワーク環境の整備、テレワークに適した機器や業務用ツールの提供、
業務に必要な情報に安全かつ迅速にアクセスできるシステムの構築、ペー
パレス化の促進などが挙げられます。

　3つ目は、テレワーク勤務を前提とした人事評価制度の構築です。勤務
形態にかかわらず公平に評価することが可能な人事評価制度が整備されて
いることで、従業員は安心して働くことができ、従業員エンゲージメント
の向上につながります。

【課題解決に向けた企業の取り組み例】

■エンゲージメントと生産性の向上を実現する手段としてテレワークを位
　置づけている。
■入社1年目の従業員に専門アドバイザーを付ける制度を導入した。
■「5人組制」を採用し、お互いをフォローする風土を醸成している。
■月1回以上の1on1ミーティングの実施など、オンラインでも濃密なサ
　ポートができる体制を構築した。

■各組織のビジネス特性に応じてリアルとリモートのベストミックスの働き方を追求している。

課題5

　自宅では集中して仕事ができないので，自宅近くのコワーキングスペースやカフェでテレワークをしたいという従業員がいる

　会社から在宅勤務を命じられたものの，仕事をするためのスペースが確保できなかったり，幼い子供がいて家族の協力を得ることが難しいなど，自宅では集中して仕事をすることができないという人は少なくありません。テレワークガイドラインでは，自宅等でテレワークを行う際の作業環境整備の留意点として，「自宅等の作業環境に関する状況の報告を求めるとともに，必要な場合には，労使が協力して改善を図る又は自宅以外の場所（サテライトオフィス等）の活用を検討することが重要である」としています。

　テレワーク環境が整備されたコワーキングスペースや落ち着いた雰囲気のカフェで仕事を行うことには，集中力を高めたり，オンとオフの切り替えがしやすくするなどのメリットがあります。しかし，誰もが立ち入り可能な公共の場で仕事をすることには，覗き見や盗み聞きなどによる情報漏えいのリスクを伴うほか，場所の利用にかかる費用を企業と従業員のどちらが負担するのか，また，場所の移動中にケガをした場合に業務災害に当たるか否かなど，様々な問題があります。そのため，自宅以外の場所でテレワークを行うことを認める場合は，従業員が遵守すべき事項や発生しうる費用とその精算方法等について，あらかじめ明確にしてテレワーク規程等に定めておく必要があります。

従業員が情報セキュリティ対策を適切に行っているか不安だ

　情報セキュリティ対策は，すべての企業にとって重要かつ不可欠なものですが，強化すればするほど堅固なものとなる一方で，コストがかさむ，情報システム担当者の負担が増大する，認証作業が煩雑になって作業効率が低下するなどの問題が発生します。テレワークを行う際の情報セキュリティ対策については，取り扱う情報の内容，漏えいした場合の影響の大きさ，情報セキュリティ対策にかかるコスト，業務効率への影響などを勘案したうえで，バランスのよい対策を講じることが大事です。営業秘密や漏えいした場合の影響が大きい情報については，テレワーク勤務での取扱いを禁止することも対策の一つです。

　テレワークの情報セキュリティ対策で一番重視すべきことは，従業員の情報セキュリティに対する意識であると言えます。どんなに堅固な対策を講じても，従業員の不注意や悪意による情報漏えいのリスクをゼロにすることはできません。そのため，テレワークの情報セキュリティ対策では，テレワークを行う従業員に対する研修の実施など，人的対策が不可欠となります。

　なお，最近では，テレワーク中の情報漏えいに関する損害保険も販売されています。ネット接続した際のウイルス感染により顧客情報が流出したり，端末経由の攻撃でシステムが故障したことによる損害のほか，端末の紛失も対象となります。情報セキュリティ対策の一環として，こうした保険への加入を検討してみてもよいでしょう。

【課題解決に向けた企業の取り組み例】

■情報セキュリティポリシーを作成して全従業員に配布している。

- テレワーク勤務用のパソコンに内部情報を暗号化する仕組みを導入した。
- テレワークを希望する従業員に情報セキュリティに関するe-ラーニングを実施した。
- 従業員が自宅で業務に使用するパソコンのソフトウェアやセキュリティツールの名称を事前に申請させている。
- パソコンや資料を収納するための鍵付きのキャビネットやシュレッダーを用意した。

課題7

　在宅勤務の日に会社に無断で旅行に行き，旅先でテレワークをしている従業員がいる

　在宅勤務は，本来，従業員の自宅で行うものです。就業規則やテレワーク規程で在宅勤務の就業場所として従業員の自宅が定められている場合や，自宅以外の場所で在宅勤務を行うことが禁止されている場合，在宅勤務を行う予定の日に従業員が会社の事前の許可なく自宅以外の場所でテレワークを行うことは，就業規則違反に該当し，懲戒処分の対象になります。

　また，たとえ就業規則やテレワーク規程に在宅勤務の就業場所が明記されていない場合でも，自宅でテレワークを行うように指示されていた場合や，在宅勤務の申請や届出がなされていた場合，会社の許可を得ることなく自宅以外の場所でテレワークを行っていた場合は，懲戒処分の対象になり得るものと考えられます。

　懲戒処分を行うにあたっては，頻度，情報漏えいの有無，情報漏えいが発生する可能性の高さおよび発生した場合の影響の大きさ，業務への支障の有無，企業秩序違反の程度などについて確認し，社会的相当性を考慮し

て適用する処分内容を決定する必要があります。

　なお，旅先でテレワークを行うことを希望する従業員が多い場合には，ワーケーションの導入を検討することが考えられます。「ワーケーション」とは，「ワーク」と「バケーション」を組み合わせた造語で，テレワーク等を活用して，普段の職場や自宅とは異なる場所で仕事をしつつ，自分の時間も過ごすことです。普段とは違った環境下で仕事をすることで，脳が活性化し，生産性が高まることが期待できたり，旅先で仕事ができることで長期滞在の旅行が可能になるなどのメリットがあることから，若者を中心にワーケーションを希望する人が増えています。会社に無断で行われるワーケーションは，情報漏えいなどのリスクを高めることから企業として放置すべきではなく，発見した場合には適切な対応が必要とされますが，ワーケーションに対する従業員のニーズが高いようであれば，従業員エンゲージメントの向上や生産性の向上，年次有給休暇取得率向上などを目的として，ワーケーションをテレワーク勤務の一形態として導入することを検討してみてもよいでしょう。企業のワーケーション導入率は，テレワーク勤務を実施している企業の1割程度で，さほど高くはありませんが，政府もワーケーションの普及に力を入れており，補助金を支給したり，旅館やキャンプ場のWi-Fi環境の整備，コワーキングスペースの整備など，ワーケーションを可能とするための支援が行われています。

　テレワークガイドラインでは，ワーケーションについて，モバイル勤務，サテライトオフィス勤務の一形態として分類することができるとし，テレワークガイドラインに則って行われることが望ましいとしています。また，環境庁の「新たな旅のスタイル　ワーケーション＆ブレジャー　はたらく・やすむ・いきる」では，ワーケーションを導入している企業の例や導入のポイントが解説されています。ワーケーションの導入にあたっては，これらを参考にして自社に適したワーケーションの在り方を検討し，実施ルー

ルを定めたうえで，まずは試験的に実施してみることをお勧めします。

図表5-4　　ワーケーションの実施形態

休暇型	業務型			
	地域課題解決型	合宿型	サテライトオフィス型	ブレジャー型
有給休暇を取得してリゾートや観光地に旅行中に，一部の時間を勤務時間に設定してテレワークを行う。	観光地や地域に出向いて地域関係者との交流を通じて地域課題の解決策を共に考える。勤務時間外はその土地での観光や生活を楽しむ。	地方の会議室や自然の中等で通常勤務地とは異なる場所で職場のメンバーと議論を交わす（オフサイトミーティング，チームビルディング等）。勤務時間外はその土地での観光や生活を楽しむ。	会社が準備したサテライトオフィスやシェアオフィスで勤務する。勤務時間外はその土地での観光や生活を楽しむ。	出張による地方での会議や研修，打ち合わせの前後に出張先で旅行を楽しむ。

出典：東京都産業労働局・東京しごと財団「令和4年度　魅力ある職場づくり推進奨励金募集要項（申請の手引き）」

課題8

テレワーク勤務中に飲酒をしている従業員がいる

米国で実施された調査結果によると，テレワーク勤務中に飲酒をした経験がある人の割合は4割を超えています。日本においても酒類販売チェー

ンが実施した調査では，17％以上の人がテレワーク中に飲酒をしたことがあると回答しています。「冷蔵後を開けたら缶ビールが冷えていたから」，「アルコール度数の低いお酒であれば飲んでも酔わないから業務への支障がない」など，自分に言い訳をしながら誘惑に負けてテレワーク中に飲酒をしてしまう人は少なくないようです。

　しかし，労働者は，労働契約に基づく職務専念義務を負っており，就業中は仕事に専念し，私的な行為を控える義務があります。多くの企業では，服務規律として，就業時間中の飲酒行為を禁じており，就業規則にそのような規定がある場合は，在宅勤務中の飲酒行為は就業規則違反であり，懲戒処分の対象になり得ます。就業規則に就業中の飲酒を禁止する規定がない場合でも，職務専念義務に違反する行為として，懲戒処分の対象になり得ると考えられます。

　ただ，懲戒処分の内容が重すぎると，懲戒権の濫用を問われ，処分無効を争われる可能性があります。そのため，懲戒処分の実施にあたっては，テレワーク中に飲酒を行った理由や飲酒の頻度，量，時間，業務への影響などを確認したうえで，社会的相当性を逸脱しない範囲で処分内容を決定する必要があります。なお，就業時間中の飲酒については，高校教諭が修学旅行の引率中に飲酒をしたことを理由として行われた停職処分の有効性について争われた事案があります。この事案では，飲酒量や業務への影響を踏まえたうえで処分無効とされています（大阪高裁　H20.11.14判決）。このような判例があることを念頭において，懲戒処分の決定・実施にあたっては慎重な対応を心がけていただければと思います。

課題9

在宅勤務で働く従業員の服装の乱れが気になる

　在宅勤務では外出の必要がなく，一日中誰にも会わずにすむことから，身だしなみに対する意識が薄れがちです。リラックスして仕事ができることは，在宅勤務のメリットでもあり，会議などがなく終日ひとりで仕事をするのであれば，ある程度ラフな服装でも問題ないと考えられます。しかし，寝巻のまま仕事をするなどリラックスしすぎると，オンとオフの気持ちの切り替えが上手くできず，集中力を欠いてしまうことが懸念されます。

　また，テレビ会議に参加する際は，ラフすぎる服装だと，仕事をさぼっているのではないかと疑われたり，他の参加者に良くない印象を与えてしまうことがあります。テレビ会議の相手が取引先の場合は，ビジネスマナーとして服装や髪型を整えるなど，見た目の印象にも気を配ることも大事です。

　就業時における従業員の服装については，使用者は企業秩序を維持・確保するため，合理的な範囲内において規則を定め，労働者に対してその遵守を求めることができるとする判例があります（東京地裁　平成10年10月29日判決）。在宅勤務であっても，テレビ会議に参加して服装が映る場合には，他の参加者への配慮や取引先等の自社に対する評判・信用が毀損されないよう，従業員にジャケット着用を義務付けることが可能であると考えられます。

　テレワークを円滑に運用するうえでも，在宅勤務時に服装や身だしなみを整えることの意義について，従業員に周知すべきであると思われます。きちんとした服装をすることで仕事モードに気持ちを切り替えることができ，仕事への集中力が高まることが期待できます。また，ジャケットを羽織るだけでいつでもテレビ会議に参加できる程度に身だしなみを整えてお

けば，急遽，テレビ会議への参加を要請された場合にも慌てる心配があり
ません。仕事モードの服装をしていることで，家族からも仕事中であるこ
とを理解してもらいやすくなります。最近では，大手紳士服量販店がテレ
ワークで働く人向けに開発した「パジャマスーツ」など，オン・オフ兼用
で着られるスーツやジャケットも販売されています。

　なお，在宅勤務時の服装についてルールを設けることは，企業の円滑な
運営上，必要かつ合理的な範囲内に限り許されるものであることに留意し
てください。

課題10
副業を行っているテレワーク勤務者の労働時間はどこまで把握すべきか

　テレワーク勤務では，通勤時間が削減され，その分プライベートな時間
が増えることから，余暇時間の有効活用などを目的として，副業を行う人
は少なくないものと思われます。副業を行う労働者の労働時間について，
厚生労働省の「副業・兼業の促進に関するガイドライン」（令和2年9月
改定）では，事業主を異にする複数の事業場において労働基準法に定めら
れた労働時間規制が適用される労働者に該当する場合，労働基準法第38条
第1項の規定により，それらの複数の事業場における労働時間が通算され
るとしています。その一方で，フリーランス，起業，共同経営など労働基
準法が適用されない場合や，農業・水産業，管理監督者など，労働基準法
は適用されるものの労働時間規制が適用されない場合は，労働時間が通算
されないとしています。そのため，従業員が管理監督者ではなく，かつ，
他の事業主に雇用されて副業を行っている場合は，その従業員の副業での
労働時間について，本人に申告させるなどして把握する必要があります。
そして，通算した労働時間が法定労働時間を超えている場合は，割増賃金

の支払いが必要になる場合があります。

　他方，従業員が労働基準法上の管理監督者に該当する場合，労働時間規制の適用はなく，また，労働安全衛生法に基づく健康確保措置義務においても，副業先の労働時間を通算することとされていないことから，副業の労働時間を把握する必要はないと言えます。

　しかし，法律上，労働時間の把握や通算が必要ない場合であっても，過重労働により従業員が健康を害して業務に支障をきたさないようにするためには，従業員に副業の労働時間について申告させ，長時間労働にならないように配慮することが必要となります。副業を認めている企業の中には，過重労働のリスク対策として，副業を行う従業員の時間外労働や休日労働を原則禁止しているところもあります。

　多様な働き方を希望する労働者が増えている中で，企業としては，従業員の健康管理や，業務への支障を生じさせないための工夫を行った上で，従業員のニーズに配慮した仕組みを整えることが大事です。

課題11
夫の転勤で海外に移住する人にテレワークで働いてもらうことは可能か

　テレワークが世界的に普及する中で，国境を跨いでテレワークで働く，「越境テレワーク」が広がりつつあります。配偶者の海外転勤などで会社を辞めざるを得ない人がテレワークで働き続けることができれば，本人のキャリア継続が可能になるだけでなく，企業としても大事な人材を失わずに済みます。

　ただ，越境テレワークを実施するにあたっては，検討を要する事項が多々あります。例えば，雇用にするのか業務委託にするのか，越境ワークの契約についてどこの国の法律が適用されるのか，賃金や報酬をどのよう

に支払うのか，税金や社会保険の適用については，どちらの国の制度が適用されるのか，また時差がある場合は，就労時間をどのように設定するのかなどについて検討し，対応する必要があります。また，対象者が日本人の場合，現地の就労ビザをどのように取得するのかという問題もあります。

　越境テレワークの実施方法としては，テレワークの対象者が在住する国に拠点を設けたり，その国に現地法人がある場合は，現地法人で雇用することが一般的です。しかし，必ずしも対象者が居住する国に現地法人があるわけではなく，また，新たに拠点を設置するのにも時間やコストがかかります。そこで，最近では，EOR 事業者が提供する越境テレワークの支援サービスを利用する企業が増えています。EOR は「エンプロイヤー・オブ・レコード」の略で，EOR 事業者が各国に設置した現地法人などを通じて各国にいる人材の名義上の雇用主となり，賃金の支払いや納税，労務管理を行います。企業は EOR 事業者に手数料を支払うことで，海外に在留する人材にテレワークの形で業務を依頼することできます。株式会社パソナグループも，インド，韓国，ベトナムなどに在住する人材を在住国においてテレワークで業務に従事することを前提に日本企業に紹介するサービスを2021年11月から開始しています。

　越境テレワークについては，法規制が曖昧な部分が存在するとの指摘もあり，法的位置づけや税務上の取扱いについて，国際的なルール作りが早期に行われることが求められますが，今後こうした働き方が広がることで，人材確保の活路が拡大することが期待されます。

第 **6** 章

テレワークを終了する際の留意点

　コロナ禍においてテレワーク導入企業は一気に増えました。しかし，新型コロナウイルスへの感染防止対策のための一時的措置としてテレワークを導入した企業では，ワクチン接種が可能になったことや，新型コロナウイルスの感染症法の位置付けが2023年5月8日から5類に移行することを踏まえ，テレワークを廃止することを検討しているところも少なくないと思われます。内閣府の調査でも，テレワークの実施率は，全国的に低下しています【図表6-1】。公益財団法人日本生産性本部の「第12回　働く人の意識調査」においても，2023年1月時点のテレワーク実施率は16.8％となっており，調査開始当初の2020年5月時点の実施率31.5％と比較して，14.7ポイントも減少しています【図表6-2】。

　ただ，いったん導入したテレワーク制度を廃止したり，テレワーク勤務をしている従業員に出社を命じて通常勤務に戻すことは，その態様によっては労働条件の不利益変更に当たる可能性があります。そこで，本章では，テレワークを終了する際の留意点について解説します。

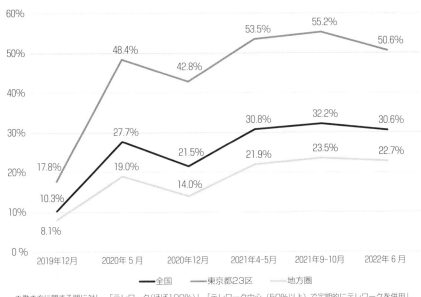

図表6-1　テレワーク実施率の推移

※働き方に関する問に対し，「テレワーク(ほぼ100%)」，「テレワーク中心（50%以上）で定期的にテレワークを併用」，「出勤中心（50%以上）で定期的にテレワークを併用」，「基本的に出勤だが不定期にテレワークを利用」のいずれかに回答した人の割合

（出典）内閣府「第5回 新型コロナウイルス感染症の影響下における生活意識・行動の変化に関する調査」（2022年7月14日公表資料）

図表6-2　テレワークの実施率

（出典）公益財団法人日本生産性本部「第12回 働く人の意識に関する調査」

1　労働条件の変更にかかる法的規制

　就業規則の変更による労働条件の変更については，裁判で次のような考え方が示されています。

> 新たな就業規則の作成又は変更によって，既得の権利を奪い，労働者に不利益な労働条件を一方的に課することは，原則として，許されないと解すべきであるが，労働条件の集合的処理，特にその統一的かつ画一的な決定を建前とする就業規則の性質からいって，当該規則条項が合理的なものである限り，個々の労働者において，これに同意しないことを理由として，その適用を拒否することは許されない。（秋北バス事件　最高裁大法廷判決　昭和43.12.25）

　そして，この判例法理は，そのまま労働契約法に反映されています。労働契約は，労働者と使用者が合意することにより成立し，労働契約の内容である労働条件は，労働者と使用者の合意によって変更することができます。使用者が就業規則の変更により労働条件を変更する場合，原則として，労働者の合意を得ることなく労働者の不利益に変更することができません。しかし，使用者が変更後の就業規則を労働者に周知し，かつ，就業規則の変更が諸々の事情に照らして合理的なものである場合は，労働者の合意の有無にかかわらず，変更後の就業規則を労働者に適用することができます。ただし，労働契約により，就業規則の変更によっては変更されない労働条件として合意していた部分については，その合意が優先することとなります。

【労働条件の変更にかかる労働契約法の条文】

（労働契約の内容の変更）

第8条　労働者及び使用者は，その合意により，労働契約の内容である労働条件を変更することができる。

（就業規則による労働契約の内容の変更）

第9条　使用者は，労働者と合意することなく，就業規則を変更することにより，労働者の不利益に労働契約の内容である労働条件を変更することはできない。ただし，次条の場合は，この限りでない。

第10条　使用者が就業規則の変更により労働条件を変更する場合において，変更後の就業規則を労働者に周知させ，かつ，就業規則の変更が，労働者の受ける不利益の程度，労働条件の変更の必要性，変更後の就業規則の内容の相当性，労働組合等との交渉の状況その他の就業規則の変更に係る事情に照らして合理的なものであるときは，労働契約の内容である労働条件は，当該変更後の就業規則に定めるところによるものとする。ただし，労働契約において，労働者及び使用者が就業規則の変更によっては変更されない労働条件として合意していた部分については，第12条に該当する場合を除き，この限りでない。

（就業規則の変更に係る手続）

第11条　就業規則の変更の手続に関しては，労働基準法（中略）第89条及び第90条の定めるところによる。

（就業規則違反の労働契約）

第12条　就業規則で定める基準に達しない労働条件を定める労働契約は，その部分については，無効とする。この場合において，無効となった部分は，就業規則で定める基準による。

2　テレワークの導入・終了にかかる労働条件の変更

　労働条件の変更は，企業がテレワークを導入する際にも発生します。テレワークガイドラインでは，「労働契約や就業規則において定められている勤務場所や業務遂行方法の範囲を超えて使用者が労働者にテレワークを行わせる場合には，労働者本人の合意を得た上での労働契約の変更が必要であること（労働者本人の合意を得ずに労働条件の変更を行う場合には，労働者の受ける不利益の程度等に照らして合理的なものと認められる就業規則の変更及び周知によることが必要であること）に留意する必要がある」としています。

　新型コロナウイルスへの感染防止対策としてテレワークを導入し，就業場所を会社から従業員の自宅に変更したり，それに伴い業務遂行方法を変更したりすることは，企業の従業員に対する安全配慮義務を遵守する上で必要な対応であると考えられ，従業員にとっても，出社に伴う感染リスクの回避につながります。そのため，テレワーク導入による労働条件の変更は，労働者の受ける不利益の程度を比較衡量した場合，合理的なものであると判断されやすいと考えられます。

　他方，テレワークを終了して勤務場所や業務遂行方法を元に戻すことも，労働条件の変更に当たります。そのため，テレワークの終了にあたっては，原則として従業員の合意が必要とされ，就業規則の変更により終了する場合は，テレワーク終了の必要性やテレワーク終了により従業員の受ける不利益の程度等と比較衡量した場合に，合理的なものであることが必要となります。

　なお，新型コロナウイルスの新規感染者数は，2020年4月以降，一時的に減少傾向を示しながらも，2022年12月時点においても，いまだ収束の見

通しは立っていません。国土交通省の「令和3年度テレワーク人口実態調査」では，テレワークの継続意向に関する設問について，雇用型就業者の約89％が継続意向があると回答しており，その理由は，「新型コロナウイルス感染症対策」が約49％で最大となっています。また，新型コロナウイルス感染収束後のテレワーク継続意向は約84％となっており，その理由として，「通勤時間の有効活用」（約43％）や，通勤の負担軽減（約30％）が挙げられています。コロナ禍が長引く中で，人々の働き方に対する意識や生活スタイルが大きく変化し，テレワークという働き方にメリットを感じている人が多いことが調査結果からも見て取れます。このような状況下でテレワークを廃止して従業員に出社を命じるにあたっては，従業員の合意があるか，または相応の事情が企業側にあることが必要とされると考えられます。

3　テレワーク終了の手続き

テレワーク終了の手続きは，就業規則やテレワーク勤務規程（以下，「テレワーク勤務規程等」といいます）にテレワークに関する規定がある場合とない場合とで異なります。

(1)　テレワークに関する規定がない場合

コロナ禍で急遽テレワークを実施した企業では，就業規則を変更したり，テレワーク勤務規程等を作成することなく，個々の従業員との合意や業務命令によりテレワークを実施しているところが多いと思われます。このような場合は，テレワークを終了して従業員を通常勤務へ復帰させる場合も，個々の従業員との合意または業務命令により行うことになります。

ただし，労働契約に基づく命令権の行使については，労働契約法により

権利の濫用が禁止されています。そのため，業務上の必要性に基づきテレワークを終了し，従業員に対して通常勤務への復帰を命じるにあたっては，就業実態に応じて従業員の仕事と生活の調和に配慮し，権利濫用とならない範囲で行うことが求められます。

【労働契約法が定める労働契約の原則】

> （労働契約の原則）
> **第3条**　労働契約は，労働者及び使用者が対等の立場における合意に基づいて締結し，又は変更すべきものとする。
> 2　労働契約は，労働者及び使用者が，就業の実態に応じて，均衡を考慮しつつ締結し，又は変更すべきものとする。
> 3　労働契約は，労働者及び使用者が仕事と生活の調和にも配慮しつつ締結し，又は変更すべきものとする。
> 4　労働者及び使用者は，労働契約を遵守するとともに，信義に従い誠実に，権利を行使し，及び義務を履行しなければならない。
> 5　労働者及び使用者は，労働契約に基づく権利の行使に当たっては，それを濫用することがあってはならない。

⑵　テレワークに関する規定がある場合

①　通常勤務への復帰に関する規定がある場合

　テレワーク勤務規程等の作成にあたっては，テレワークの適用対象者の範囲やテレワークを行う際の申請手続き，テレワーク実施時の服務規律などを定めることが一般的ですが，テレワーク勤務規程等に通常勤務への復帰に関する事項が定められていれば，その規定に基づいて，テレワークを終了して，通常勤務への復帰を命じることができます。

　例えば，本書のテレワーク勤務サンプル規定（p.121）の第9条第9項

第4号のような規定がある場合は，その規定に基づいて通常勤務への復帰を命じることができます。

【テレワーク勤務サンプル規程第9条第9項】

> 9　テレワーク勤務者は，次の各号のいずれかに該当したときは，通常勤務に復帰するものとする。
> (1) テレワーク実施期間が満了し，期間の更新がないとき
> (2) テレワーク実施期間の途中で対象となる業務が終了したとき
> (3) テレワーク勤務を行う理由が消滅したとき
> (4) 通常勤務への復帰を命じられたとき

　また，本書のテレワーク勤務サンプル規程の第3条第2項に基づいて従業員にテレワーク勤務を命じた場合も，テレワーク勤務を終了して従業員を通常勤務に復帰させることが適切であると企業が判断した際は，通常勤務への復帰を命じることができます。このような場合は，企業が従業員に対してテレワーク勤務を命じた当初から，通常勤務への復帰が予定されており，労働条件の不利益変更の問題にはなりません。ただし，通常勤務への復帰命令がなされた際の状況によっては，権利の濫用に当たる場合があるので注意を要します。

【テレワーク勤務サンプル規程第3条第2項】

> 2　会社は，天災地変，交通障害，感染症・伝染病の流行その他の事情により，テレワーク勤務の実施が適切であると判断したときは，すべての従業員にテレワーク勤務を命じることができ，従業員は，正当な理由なくこれを拒むことができない。

②　テレワークの終了事由やテレワークの許可取消しに関する規定がある場合

　テレワーク勤務規程等に本書テレワーク勤務サンプル規程第9条第9項第1号から第3号で定めているようなテレワークの終了事由が定められている場合，当該事由に該当する従業員についてテレワークを終了し，通常勤務への復帰を命じることができます。

　また，本書テレワーク勤務サンプル規程第4条のように，テレワーク勤務について許可制がとられている場合は，業務上の事由があるとき，またはテレワーク勤務で著しく業務効率が低下する従業員や，テレワーク勤務によりメンタルヘルス不調になった従業員がいるときは，テレワーク勤務の許可を取り消して，通常勤務への復帰を命じることができます。ただし，この場合も，テレワーク勤務の許可を取り消して，通常勤務への復帰を命じることが権利の濫用に当たらないことが前提となります。

【テレワーク勤務サンプル規程第4条】

第4条（申請手続）
1　テレワーク勤務を希望する者は，勤務形態毎に定められるテレワーク勤務許可申請書を所属長に提出し，その承認を得るものとする。
2　在宅勤務を希望する者は，テレワーク勤務許可申請書に加え，所定の執務環境等申告書を提出するものとする。
3　テレワーク勤務の許可を受けた者が在宅勤務またはサテライトオフィス勤務を行うときは，前日までに所属長に届け出るものとする。ただし，やむを得ない事由による場合は，当日の届出を認める。
4　会社は，業務上その他の事由により，テレワーク勤務の可否を判断し，また，一旦与えたテレワーク勤務の許可を取り消す場合がある。

③ テレワークを廃止する場合

　テレワーク勤務規程等に基づいて実施していたテレワーク勤務制度を廃止して，全面的に終了する場合は，従業員の合意を得るか，または労働契約法第10条に基づく就業規則の変更による対応が必要となります。

　就業規則の変更によりテレワークの廃止を有効に実施するためには，テレワーク廃止後の就業規則を従業員に周知するだけでなく，テレワーク廃止後の就業規則による労働条件が，次のアからオの各事情に照らして合理的であると判断できるものであることが必要とされます。

ア　労働者の受ける不利益の程度

　労働条件の変更は，労働者の生活に大きな影響をもたらす可能性があることから，労働者の受ける不利益の程度が大きければ大きいほど厳しく判断され，容易には妥当性が認められません。テレワーク終了により想定される労働者が受ける不利益の例としては，主に次のものが挙げられます。

- テレワークを前提とした生活スタイルの変更を余儀なくされる
- テレワークにより育児・介護や治療と仕事を両立していた従業員がテレワークの終了により育児・介護や治療と仕事の両立が困難になり，離職を余儀なくされる
- 障がい者や遠隔地在住者など通勤困難な事情のある従業員が離職を余儀なくされる
- 自然災害や交通障害が発生した際も出勤しなければならない
- 新型コロナウイルスやインフルエンザなどの感染症が蔓延した際に，出社を余儀なくされることにより感染症リスクが増大する

イ　テレワークを廃止する必要性

　テレワークを廃止するにあたっては，なぜテレワークを廃止するのかを

明確にし，具体的なデータや資料を基づき分析したうえで，廃止すること
に合理性が認められるか判断する必要があります。企業がテレワークを廃
止する理由としては，次のものが想定されます。

・テレワークだと生産性が低下する

・テレワークで働く従業員の労務管理が難しい

・テレワーク環境の整備に費用がかかる

・研修や指導を行いにくい

・コミュニケーション不足になる

・意思疎通に齟齬が生じ，行き違いが発生しやすくなる

・メンタルヘルス不調者が増加した

・従業員エンゲージメントの低下を感じる

・テレワーク実施時に情報漏えいが発生した

・テレワークで働く従業員の人事評価が難しい

・コロナ禍で感染リスク対策として実施したが，ワクチン接種が可能と
　なったことで，テレワークを実施する必要性を感じなくなった

　コロナ禍の収束を機にテレワークを廃止することを検討している企業は
少なくないと思われます。しかし，テレワーク勤務規程等において，従業
員のワークライフバランスの実現や，育児・介護と仕事の両立による離職
防止などをテレワークの実施目的として掲げられている場合，コロナ禍の
収束やワクチンの普及したことのみを理由としてテレワークを廃止するこ
とは，難しいものと思われます。

ウ　テレワーク廃止後の就業規則の相当性

　テレワーク廃止後の就業規則に基づく労働条件の相当性，同業他社・他
産業との比較などからみた社会的妥当性も判断材料となります。テレワー

クの廃止により従業員が受ける影響が大きいと判断される場合は，代替的
措置を設けたり，経過措置期間を設けるなどの対応が必要となります。

エ　労働組合や従業員代表との交渉の状況

　労働基準法第90条では，就業規則を変更するにあたっては，労働者の過
半数で組織する労働組合がある場合はその労働組合，ない場合は労働者の
過半数を代表する者の意見を聴くことを義務付けています。労働契約法第
10条に基づく就業規則の変更によるテレワークの廃止が合理的であると判
断されるためには，労働組合や従業員代表との交渉の状況も判断要素とな
ります。

　「なぜテレワークを廃止する必要があるのか」，「テレワークの廃止に
よってどのような不利益が従業員に生じるのか」「生じる不利益に関して，
どのような代替措置を講じるのか」など，従業員に対して丁寧に説明する
ことが求められます。たとえ合意が得られなくとも，事前にきちんと説明
することが大事です。従業員への説明を十分に行わないままテレワークを
廃止してしまうと，一方的な労働条件の不利益変更であるとして，テレ
ワークの廃止が無効となる可能性があります。

オ　その他のテレワーク廃止にかかる事情

　テレワークの廃止までに一定の経過措置期間を設けるなど，従業員が受
ける不利益に配慮した対応が取られているか否かも，合理性を判断するう
えでの判断材料となります。

　また，テレワーク勤務を前提に労働契約を締結した従業員がいる場合は，
当該従業員との間で，テレワーク廃止後の労働条件の変更や代替的措置に
ついて合意に基づく適切な対応がとられているか否かも判断材料になると
考えられます。

4　テレワーク終了後に出社を拒否する従業員への対応

(1)　出社拒否の理由を確認する

　テレワークの終了により通常勤務への復帰を求められた従業員が出社を拒否した場合は，当該従業員と話し合い，出社を拒否する理由を確認することが大事です。従業員が正当な理由なく出社を拒否して無断欠勤を続ける場合は，就業規則に基づいて懲戒処分を行うことが考えられます。ただし，従業員に出社を拒否する正当な事由があると認められる場合は，懲戒権の濫用となり，懲戒処分が無効となる可能性があります。

　特に，コロナ禍が収束しない状況下において，テレワークを終了して出社を命じた場合，従業員の年齢や健康状態，家庭環境などの事情，および企業による感染対策の実施状況によっては，従業員が出社命令に応じないことについて正当性が認められる可能性があります。そのため，まずは従業員と話し合い，出社命令に応じない理由を確認して，対応可能な範囲で改善策や妥協案を示した上で，出社を求めることが必要とされます。

(2)　正当な理由なく出社を拒否する従業員への対応

　従業員が正当な理由なく出社命令に応じない場合は，書面またはメールで出社命令を行います。書面による出社命令に従わない場合は，就業規則に基づく戒告や譴責の処分を行い，それでも出社命令に従わない場合は，減給処分など，より重い懲戒処分を検討します。

　ただし，就業規則に定められていない処分は無効となりますので，懲戒処分の実施にあたっては，就業規則に業務命令違反や無断欠勤を懲戒事由とする規定が定められていることを事前に確認する必要があります。

(3) 出社拒否を続ける従業員の解雇

　従業員が出社命令に従わない行為は，労働契約に基づく債務不履行として解雇事由に該当すると考えられます。しかし，労働契約法では，解雇権の濫用を規制する規定が定められており，訴訟で争われた場合，解雇無効となるケースは少なくありません。

　話し合いを行い，書面による出社命令を行い，さらに懲戒処分を行なったにもかかわらず出社命令に応じず，長期にわたり欠勤している従業員がいる場合には，退職勧奨を行い，合意により労働契約を終了することを検討します。従業員が退職勧奨に応じない場合には，解雇を検討せざるを得なくなりますが，解雇にあたっては，事前に専門家に相談することをお勧めします。解雇は最終手段であることを理解することが大事です。

5　テレワークの廃止は慎重に

(1) テレワークの廃止は本当に必要か

　新型コロナウイルスの影響を受けて世界的に浸透したテレワークですが，最近は，テレワーク廃止の動きも見え始めています。テレワーク普及率が85％とされるテレワーク先進国の米国においても，完全在宅勤務か部分在宅勤務を選べる企業が増えている一方で，Yahoo! や IBM など一部の企業では，テレワークを廃止して従業員をオフィスへ呼び戻しています。米国電気自動車メーカー Tesla 社の CEO イーロン・マスク氏が，2022年5月に「Tesla の社員は，最低でも週40時間，オフィスにいるか，あるいは Tesla を去るかしなければならない」とテレワークの終了を宣言するメールを従業員に送りつけたことは，日本でも大いに話題となりました。これ

らの企業がテレワークを廃止する理由は，テレワークによる社内コミュニケーション不足から生産性の低下や従業員のメンタルヘルス悪化などを引き起こしたり，労働時間の管理がうまく行かなかったりという問題が生じたこととされています。日本においても，同様の理由でテレワークの廃止を検討する企業が増えていると思われます。

　しかし，本当に，テレワークを廃止することでこれらの問題が解消するのでしょうか。テレワークの廃止により社内のコミュニケーションが活性化し，それにより生産性が向上し，メンタルヘルス不調の従業員も減少するという確証は，どこにもないと思われます。「テレワークは，企業が従前から抱えている問題を浮き彫りにしたに過ぎない」と指摘する声もあります。実際，職場のコミュニケーション不足がハラスメントの原因となっていることは，従前から指摘されてきたことです。労働者を対象とした調査では，テレワークを行うようになってから，上司や同僚とのコミュニケーションを意識的にとるようになったことで，かえって以前よりコミュニケーションが活性化したと回答している人もいます。

　生産性の低下に関しても，プロジェクトで進める業務に関して，テレワークでは連絡を密に取ることが難しく，意思疎通が上手くいかず業務効率が低下したという声がある一方で，これまで当たり前に行っていた業務フロー上の無駄な作業がテレワークの実施を契機に見直され，そのことにより業務効率が上がり，生産性が向上したという声もあります。従業員のメンタルヘルス不調の問題も以前からあった問題であり，コロナ禍においてメンタルヘルス不調を訴える従業員が増えていることについては，パンデミックによる社会的不安が広がったことも大きな要因になっていると考えられます。

　企業が経営上の課題として抱えている問題が，テレワークの廃止によって本当に解消されるのか，テレワークの廃止を検討している企業は，その

点について十分に検討する必要があると思われます。

⑵　テレワーク廃止のデメリット

　テレワークを廃止するにあたっては，テレワークの廃止に伴うデメリットについて理解しておく必要があります。テレワーク廃止のデメリットとしては，主に次のものが挙げられます。

①　離職率の上昇

　テレワークを経験した人の多くは，テレワークを継続して行うことを希望しています。公益財団法人日本生産性本部「第12回　働く人の意識に関する調査」では，自宅での勤務の満足度について，「満足している」，「どちらかと言えば満足している」の合計は，87.4％と過去最高となっています。また，「コロナ禍収束後もテレワークを行いたいか」という意向確認について，「そう思う」，「どちらかと言えばそう思う」の合計は84.9％で，こちらも過去最高となっています。

　テレワークの廃止に不満を持つ従業員は少なくないと思われます。実際，テレワークを終了して従業員に出社を命じた企業では，「テレワークができないなら会社を辞める」と従業員が転職してしまったというケースは少なくありません。

図表6-3　　自宅での勤務に満足しているか

	満足している	どちらかと言えば満足している	どちらかと言えば満足していない	満足していない
2023年 1月(n=159)	39.0	48.4	7.5	5.0
2022年10月(n=158)	31.6	48.1	14.6	5.7
7月(n=148)	29.7	45.3	20.9	4.1
4月(n=189)	25.0	59.4	12.5	3.1
1月(n=169)	34.3	43.2	17.2	5.3
2021年10月(n=218)	28.9	37.2	28.9	5.0
7月(n=201)	25.4	44.8	19.9	10.0
4月(n=181)	27.1	48.6	17.7	6.6
1月(n=218)	21.6	48.2	23.4	6.9
2020年10月(n=208)	23.7	45.2	23.1	8.1
7月(n=202)	22.3	48.0	23.8	5.9
5月(n=319)	18.8	38.2	30.7	12.2

（出典）公益財団法人日本生産性本部「第12回 働く人の意識に関する調査」

図表6-4　　コロナ収束後もテレワークを行いたいか

	そう思う	どちらかと言えばそう思う	どちらと言えばそう思わない	そう思わない
2023年1月(n=185)	45.4	39.5	9.7	5.4
2022年10月(n=189)	38.1	38.6	18.5	4.8
7月(n=178)	36.5	36.5	18.0	9.0
4月(n=220)	34.5	37.3	25.0	3.2
1月(n=204)	35.8	44.6	13.2	6.4
2021年10月(n=250)	31.6	40.0	21.2	7.2
7月(n=224)	28.6	45.5	17.9	8.0
4月(n=211)	31.8	45.0	16.6	6.6
1月(n=242)	34.7	41.7	18.2	5.4
2020年10月(n=208)	26.0	42.8	19.7	11.5
7月(n=222)	27.9	47.7	18.9	5.4
5月(n=346)	24.3	38.4	26.9	10.4

（出典）公益財団法人日本生産性本部「第12回 働く人の意識に関する調査」

　また，テレワークを廃止した場合，妊娠・出産や育児，介護，病気治療，配偶者の転勤などにより出社することが困難になった従業員が会社を辞めざるを得なくなることから，将来に向けて離職率が高まることが想定され

ます。

②　求人応募者の減少

　テレワークの廃止は，求人に応募する人材の減少につながることが予想されます。就職活動を行っている学生や転職希望者にとって，テレワークを行える環境があることは，就職先を選択する際の検討事項としてプラスに働くことが想定されます。特に，ワークライフバランスの実現を重視する若年層は，自然災害やパンデミックの発生により出勤困難になった際や，自身のライフイベントに合わせてテレワークが必要となった際に，テレワークを選択できる企業への就職を希望する可能性が高いと考えられます。実際，就活生を対象としたアンケートでは，「出社かテレワークか」を意識する学生が6割超となっており，出社を基本とし，週に数日テレワークを希望する人の割合が高くなっています。

③　BCP対策への影響

　日本は諸外国と比べて自然災害の発生頻度が高く，気候変動に伴い自然災害の発生確率が高まる中で，企業にとってBCP対策は必要不可欠であるといえます。コロナ禍において多くの企業がBCP対策の一環としてテレワークを導入しましたが，今後においても，いつまた同様の事態が発生するかわかりません。テレワークを廃止すれば，せっかく構築したBCP対策を手放すこととなり，経営上，重大な課題を抱えることになります。

④　コストの増加

　テレワークを実施している企業では，オフィススペースの縮小によりオフィス賃料による負担が軽減できていたり，通勤手当や出張にかかる交通費，宿泊費，転勤にかかる費用負担が削減できていると思われます。テレ

ワーク手当を支給したり，テレワーク環境の整備に費用をかけている場合でも，テレワークに伴い発生するコストとテレワークにより削減されたコストを比較した場合，削減されたコストの方が大きいケースが少なくないと思われます。テレワークを廃止した場合，全従業員が働けるオフィススペースを確保する必要があります。オフィス賃料は企業にとって大きな負担となること，また，出勤にかかる交通費や出張，転勤にかかるコストも発生することに留意する必要があります。

⑤　働き方改革の後退

「働き方改革」は，労働生産人口が減少する中で，就業機会の拡大や働く人の意欲・能力を存分に発揮できる環境を作るという課題を解決し，働く人が個々の事情に応じ，多様な働き方を選択できる社会を実現することを目指すものです。テレワークの廃止は，企業における働き方改革の後退と認識され，企業に対する社会的評価にマイナスの影響を与える可能性があります。

(3)　テレワークの運用方法見直しのススメ

テレワークの廃止は，企業に様々なデメリットを及ぼす可能性があります。そこで，テレワークの終了を検討している企業には，テレワークを廃止するのではなく，テレワークの運用方法を見直すことをお勧めしたいと思います。BCP対策の重要性に鑑みても，いざというときにテレワークができる環境を残しておくことは大事です。

具体的な見直しのポイントとしては，たとえば，コロナ禍でテレワークの適用対象を広げ過ぎたことで業務遂行に悪影響が生じていたり，労務管理上の問題が生じているのであれば，テレワークの実施対象者を見直すことが考えられます。具体的対応としては，テレワークの実施を許可制にし

て，自律的に働けない従業員やテレワークに適さない職種の従業員については，テレワークを許可しないことが考えられます。また，テレワークの実施目的を BCP 対策や従業員の離職防止に限定することも考えられます。テレワークによるコミュニケーション不足やメンタルヘルス不調者の増加が気になるのであれば，出社を義務付ける日を設けたり，テレワークの実施可能日数を減らしたりすることが考えられます。最近では，従業員がそれぞれの都合に合わせテレワークと出社を使い分ける「ハイブリッドワーク」が一般的になりつつあります。テレワーク実施企業の中には，特に事情のない従業員に対して原則出社を義務付ける一方で，「従業員が出社したくなるようなオフィス環境の整備」に力を入れているところもあります。

　テレワークの運用方法は，十社十色です。企業と働く人が互いに選び選ばれる時代において，未来に向けて成長し続ける企業であるためにも，自社に適したテレワークの運用に取り組んでいただきたいと思います。

テレワークの
適切な導入及び実施の推進のためのガイドライン

〔厚生労働省〕

1　趣旨

　労働者が情報通信技術を利用して行う事業場外勤務（以下「テレワーク」という。）には，オフィスでの勤務に比べて，働く時間や場所を柔軟に活用することが可能であり，通勤時間の短縮及びこれに伴う心身の負担の軽減，仕事に集中できる環境での業務の実施による業務効率化につながり，それに伴う時間外労働の削減，育児や介護と仕事の両立の一助となる等，労働者にとって仕事と生活の調和を図ることが可能となるといったメリットがある。

　また，使用者にとっても，業務効率化による生産性の向上にも資すること，育児や介護等を理由とした労働者の離職の防止や，遠隔地の優秀な人材の確保，オフィスコストの削減等のメリットがある。

　テレワークは，ウィズコロナ・ポストコロナの「新たな日常」，「新しい生活様式」に対応した働き方であると同時に，働く時間や場所を柔軟に活用することのできる働き方として，更なる導入・定着を図ることが重要である。

　本ガイドラインは，使用者が適切に労務管理を行い，労働者が安心して働くことができる良質なテレワークを推進するため，テレワークの導入及び実施に当たり，労務管理を中心に，労使双方にとって留意すべき点，望ましい取組等を明らかにしたものである。本ガイドラインを参考として，労使で十分に話し合いが行われ，良質なテレワークが導入され，定着していくことが期待される。

2　テレワークの形態

　テレワークの形態は，業務を行う場所に応じて，労働者の自宅で行う在宅勤務，労働者の属するメインのオフィス以外に設けられたオフィスを利用するサテライトオフィス勤務，ノートパソコンや携帯電話等を活用して臨機応変に選択した場所で行うモバイル勤務に分類される。テレワークの形態ごとの特徴として以下の点が挙げられる。

①　在宅勤務

　通勤を要しないことから，事業場での勤務の場合に通勤に要する時間を柔軟に活用できる。また，例えば育児休業明けの労働者が短時間勤務等と組み合わせて勤務することが可能となること，保育所の近くで働くことが可能となること等から，仕事と家庭生活との両立に資する働き方である。

② サテライトオフィス勤務

　　自宅の近くや通勤途中の場所等に設けられたサテライトオフィス（シェアオフィス，コワーキングスペースを含む。）での勤務は，通勤時間を短縮しつつ，在宅勤務やモバイル勤務以上に作業環境の整った場所で就労可能な働き方である。

③ モバイル勤務

　　労働者が自由に働く場所を選択できる，外勤における移動時間を利用できる等，働く場所を柔軟にすることで業務の効率化を図ることが可能な働き方である。

　このほか，テレワーク等を活用し，普段のオフィスとは異なる場所で余暇を楽しみつつ仕事を行う，いわゆる「ワーケーション」についても，情報通信技術を利用して仕事を行う場合には，モバイル勤務，サテライトオフィス勤務の一形態として分類することができる。

3　テレワークの導入に際しての留意点

（1）テレワークの推進に当たって

　　テレワークの推進は，労使双方にとってプラスなものとなるよう，働き方改革の推進の観点にも配意して行うことが有益であり，使用者が適切に労務管理を行い，労働者が安心して働くことのできる良質なテレワークとすることが求められる。

　　なお，テレワークを推進するなかで，従来の業務遂行の方法や労務管理の在り方等について改めて見直しを行うことも，生産性の向上に資するものであり，テレワークを実施する労働者だけでなく，企業にとってもメリットのあるものである。

　　テレワークを円滑かつ適切に，制度として導入し，実施するに当たっては，導入目的，対象業務，対象となり得る労働者の範囲，実施場所，テレワーク可能日（労働者の希望，当番制，頻度等），申請等の手続，費用負担，労働時間管理の方法や中抜け時間の取扱い，通常又は緊急時の連絡方法等について，あらかじめ労使で十分に話し合い，ルールを定めておくことが重要である。

（2）テレワークの対象業務

　　例えば，いわゆるエッセンシャルワーカーなどが従事する業務等，その性格上テレワークを実施することが難しい業種・職種があると考えられるが，一般にテレワークを実施することが難しいと考えられる業種・職種であっても個別の業務によっては実施できる場合があり，必ずしもそれまでの業務の在り方を前提にテレワークの対象業務を選定するのではなく，仕事内容の本質的な見直しを行うことが有用な場合がある。テレワークに向かないと安易に結論づけるのではなく，管理職側の意識を変えることや，業務遂行の方法の見直しを検討することが望ましい。なお，オフィスに出勤する労働者のみに業務が偏らないよう，留意することが必要である。

(3)　テレワークの対象者等

　　テレワークの契機は様々であり，労働者がテレワークを希望する場合や，使用者が指示する場合があるが，いずれにしても実際にテレワークを実施するに当たっては，労働者本人の納得の上で，対応を図る必要がある。

　　また，短時間労働者及び有期雇用労働者の雇用管理の改善等に関する法律（平成5年法律第76号）及び労働者派遣事業の適正な運営の確保及び派遣労働者の保護等に関する法律（昭和60年法律第88号）に基づき，正規雇用労働者と非正規雇用労働者との間で，あらゆる待遇について不合理な待遇差を設けてはならないこととされている。

　　テレワークの対象者を選定するに当たっては，正規雇用労働者，非正規雇用労働者といった雇用形態の違いのみを理由としてテレワーク対象者から除外することのないよう留意する必要がある。

　　派遣労働者がテレワークを行うに当たっては，厚生労働省ホームページに掲載している「派遣労働者等に係るテレワークに関するQ&A」を参照されたい。

　　雇用形態にかかわらず，業務等の要因により，企業内でテレワークを実施できる者に偏りが生じてしまう場合においては，労働者間で納得感を得られるよう，テレワークを実施する者の優先順位やテレワークを行う頻度等について，あらかじめ労使で十分に話し合うことが望ましい。

　　また，在宅での勤務は生活と仕事の線引きが困難になる等の理由から在宅勤務を希望しない労働者について，サテライトオフィス勤務やモバイル勤務を利用することも考えられる。

　　特に，新入社員，中途採用の社員及び異動直後の社員は，業務について上司や同僚等に聞きたいことが多く，不安が大きい場合がある。このため，業務を円滑に進める観点から，テレワークの実施に当たっては，コミュニケーションの円滑化に特段の配慮をすることが望ましい。

(4)　導入に当たっての望ましい取組

　　テレワークの推進に当たっては，以下のような取組を行うことが望ましい。

・　既存業務の見直し・点検

　　テレワークをしやすい業種・職種であっても，不必要な押印や署名，対面での会議を必須とする，資料を紙で上司に説明する等の仕事の進め方がテレワークの導入・実施の障壁となっているケースがある。そのため，不必要な押印や署名の廃止，書類のペーパーレス化，決裁の電子化，オンライン会議の導入等が有効である。また，職場内の意識改革をはじめ，業務の進め方の見直しに取り組むことが望ましい。

・　円滑なコミュニケーション

　　円滑に業務を遂行する観点からは，働き方が変化する中でも，労働者や企業の状況に
応じた適切なコミュニケーションを促進するための取組を行うことが望ましい。職場と
同様にコミュニケーションを取ることができるソフトウェア導入等も考えられる。

・　グループ企業単位等での実施の検討

　　職場の雰囲気等でテレワークを実施することが難しい場合もあるため，企業のトップ
や経営層がテレワークの必要性を十分に理解し，方針を示すなど企業全体として取り組
む必要がある。また，職場での関係や取引先との関係により，一個人，一企業のみでテ
レワークを推進することが困難な場合がある。そのため，グループ企業や，業界単位な
どを含めたテレワークの実施の呼びかけを行うことも望ましい。

4　労務管理上の留意点
（1）　テレワークにおける人事評価制度

　　テレワークは，非対面の働き方であるため，個々の労働者の業務遂行状況や，成果を生
み出す過程で発揮される能力を把握しづらい側面があるとの指摘があるが，人事評価は，
企業が労働者に対してどのような働きを求め，どう処遇に反映するかといった観点から，
企業がその手法を工夫して，適切に実施することが基本である。

　　例えば，上司は，部下に求める内容や水準等をあらかじめ具体的に示しておくとともに，
評価対象期間中には，必要に応じてその達成状況について労使共通の認識を持つための機
会を柔軟に設けることが望ましい。特に行動面や勤務意欲，態度等の情意面を評価する企
業は，評価対象となる具体的な行動等の内容や評価の方法をあらかじめ見える化し，示す
ことが望ましい。

　　加えて，人事評価の評価者に対しても，非対面の働き方において適正な評価を実施でき
るよう，評価者に対する訓練等の機会を設ける等の工夫が考えられる。

　　また，テレワークを実施している者に対し，時間外，休日又は所定外深夜（以下「時間
外等」という。）のメール等に対応しなかったことを理由として不利益な人事評価を行う
ことは適切な人事評価とはいえない。

　　なお，テレワークを行う場合の評価方法を，オフィスでの勤務の場合の評価方法と区別
する際には，誰もがテレワークを行えるようにすることを妨げないように工夫を行うとと
もに，あらかじめテレワークを選択しようとする労働者に対して当該取扱いの内容を説明
することが望ましい。（テレワークの実施頻度が労働者に委ねられている場合などにあっ
ては）テレワークを実施せずにオフィスで勤務していることを理由として，オフィスに出
勤している労働者を高く評価すること等も，労働者がテレワークを行おうとすることの妨
げになるものであり，適切な人事評価とはいえない。

(2)　テレワークに要する費用負担の取扱い

　　テレワークを行うことによって労働者に過度の負担が生じることは望ましくない。個々の企業ごとの業務内容，物品の貸与状況等により，費用負担の取扱いは様々であるため，労使のどちらがどのように負担するか，また，使用者が負担する場合における限度額，労働者が使用者に費用を請求する場合の請求方法等については，あらかじめ労使で十分に話し合い，企業ごとの状況に応じたルールを定め，就業規則等において規定しておくことが望ましい。特に，労働者に情報通信機器，作業用品その他の負担をさせる定めをする場合には，当該事項について就業規則に規定しなければならないこととされている（労働基準法（昭和22年法律第49号）第89条第5号）。

　　在宅勤務に伴い，労働者個人が契約した電話回線等を用いて業務を行わせる場合，通話料，インターネット利用料などの通信費が増加する場合や，労働者の自宅の電気料金等が増加する場合，実際の費用のうち業務に要した実費の金額を在宅勤務の実態（勤務時間等）を踏まえて合理的・客観的に計算し，支給することも考えられる。

　　なお，在宅勤務に係る費用負担等に関する源泉所得税の課税関係については，国税庁が作成した「在宅勤務に係る費用負担等に関するFAQ（源泉所得税関係）」（令和3年1月15日）を参照されたい。

(3)　テレワーク状況下における人材育成

　　テレワークを推進する上で，社内教育等についてもオンラインで実施することも有効である。オンラインでの人材育成は，例えば，「他の社員の営業の姿を大人数の後輩社員がオンラインで見て学ぶ」「動画にしていつでも学べるようにする」等の，オンラインならではの利点を持っているため，その利点を活かす工夫をすることも有用である。

　　このほか，テレワークを実施する際には，新たな機器やオンライン会議ツール等を使用する場合があり，一定のスキルの習得が必要となる場合があることから，特にテレワークを導入した初期あるいは機材を新規導入したとき等には，必要な研修等を行うことも有用である。

　　また，テレワークを行う労働者について，社内教育や研修制度に関する定めをする場合には，当該事項について就業規則に規定しなければならないこととされている（労働基準法第89条第7号）。

(4)　テレワークを効果的に実施するための人材育成

　　テレワークの特性を踏まえると，勤務する時間帯や自らの健康に十分に注意を払いつつ，作業能率を勘案して，自律的に業務を遂行できることがテレワークの効果的な実施に適し

ており，企業は，各労働者が自律的に業務を遂行できるよう仕事の進め方の工夫や社内教育等によって人材の育成に取り組むことが望ましい。

　併せて，労働者が自律的に働くことができるよう，管理職による適切なマネジメントが行われることが重要であり，テレワークを実施する際にも適切な業務指示ができるようにする等，管理職のマネジメント能力向上に取り組むことも望ましい。例えば，テレワークを行うに当たっては，管理職へのマネジメント研修を行うことや，仕事の進め方として最初に大枠の方針を示す等，部下が自律的に仕事を進めることができるような指示の仕方を可能とすること等が考えられる。

5　テレワークのルールの策定と周知

(1)　労働基準関係法令の適用

　労働基準法上の労働者については，テレワークを行う場合においても，労働基準法，最低賃金法（昭和34年法律第137号），労働安全衛生法（昭和47年法律第57号），労働者災害補償保険法（昭和22年法律第50号）等の労働基準関係法令が適用される。

(2)　就業規則の整備

　テレワークを円滑に実施するためには，使用者は労使で協議して策定したテレワークのルールを就業規則に定め，労働者に適切に周知することが望ましい。

　テレワークを行う場所について，労働者が専らモバイル勤務をする場合や，いわゆる「ワーケーション」の場合など，労働者の都合に合わせて柔軟に選択することができる場合には，使用者の許可基準を示した上で，「使用者が許可する場所」においてテレワークが可能である旨を定めておくことが考えられる。

　なお，テレワークを行う場所の如何に関わらず，テレワークを行う労働者の属する事業場がある都道府県の最低賃金が適用されることに留意する必要がある。

(3)　労働条件の明示

　使用者は，労働契約を締結する際，労働者に対し，就業の場所に関する事項等を明示することとなっており（労働基準法第15条，労働基準法施行規則（昭和22年厚生省令第23号）第5条第1項第1号の3），労働者に対し就労の開始日からテレワークを行わせることとする場合には，就業の場所として(2)の「使用者が許可する場所」も含め自宅やサテライトオフィスなど，テレワークを行う場所を明示する必要がある。

　また，労働者が就労の開始後にテレワークを行うことを予定している場合には，使用者は，テレワークを行うことが可能である場所を明示しておくことが望ましい。

(4)　労働条件の変更

　　労働契約や就業規則において定められている勤務場所や業務遂行方法の範囲を超えて使用者が労働者にテレワークを行わせる場合には，労働者本人の合意を得た上での労働契約の変更が必要であること（労働者本人の合意を得ずに労働条件の変更を行う場合には，労働者の受ける不利益の程度等に照らして合理的なものと認められる就業規則の変更及び周知によることが必要であること）に留意する必要がある（労働契約法（平成19年法律第128号）第8条〜第11条）。

6　様々な労働時間制度の活用
(1)　労働基準法に定められた様々な労働時間制度

　　労働基準法には様々な労働時間制度が定められており，全ての労働時間制度でテレワークが実施可能である。このため，テレワーク導入前に採用している労働時間制度を維持したまま，テレワークを行うことが可能である。一方で，テレワークを実施しやすくするために労働時間制度を変更する場合には，各々の制度の導入要件に合わせて変更することが可能である。

(2)　労働時間の柔軟な取扱い
　ア　通常の労働時間制度及び変形労働時間制

　　　通常の労働時間制度及び変形労働時間制においては，始業及び終業の時刻や所定労働時間をあらかじめ定める必要があるが，テレワークでオフィスに集まらない労働者について必ずしも一律の時間に労働する必要がないときには，その日の所定労働時間はそのままとしつつ，始業及び終業の時刻についてテレワークを行う労働者ごとに自由度を認めることも考えられる。

　　　このような場合には，使用者があらかじめ就業規則に定めておくことによって，テレワークを行う際に労働者が始業及び終業の時刻を変更することができるようにすることが可能である。

　イ　フレックスタイム制

　　　フレックスタイム制は，労働者が始業及び終業の時刻を決定することができる制度であり，テレワークになじみやすい制度である。特に，テレワークには，働く場所の柔軟な活用を可能とすることにより，例えば，次のように，労働者にとって仕事と生活の調和を図ることが可能となるといったメリットがあるものであり，フレックスタイム制を活用することによって，労働者の仕事と生活の調和に最大限資することが可能となる。
　　・　在宅勤務の場合に，労働者の生活サイクルに合わせて，始業及び終業の時刻を柔軟

に調整することや，オフィス勤務の日は労働時間を長く，一方で在宅勤務の日は労働時間を短くして家庭生活に充てる時間を増やすといった運用が可能
・　一定程度労働者が業務から離れる中抜け時間についても，労働者自らの判断により，その時間分その日の終業時刻を遅くしたり，清算期間の範囲内で他の労働日において労働時間を調整したりすることが可能
・　テレワークを行う日についてはコアタイム（労働者が労働しなければならない時間帯）を設けず，オフィスへの出勤を求める必要がある日・時間についてはコアタイムを設けておくなど，企業の実情に応じた柔軟な取扱いも可能

ウ　事業場外みなし労働時間制
　　事業場外みなし労働時間制は，労働者が事業場外で業務に従事した場合において，労働時間を算定することが困難なときに適用される制度であり，使用者の具体的な指揮監督が及ばない事業場外で業務に従事することとなる場合に活用できる制度である。テレワークにおいて一定程度自由な働き方をする労働者にとって，柔軟にテレワークを行うことが可能となる。
　　テレワークにおいて，次の①②をいずれも満たす場合には，制度を適用することができる。
①　情報通信機器が，使用者の指示により常時通信可能な状態におくこととされていないこと
　　この解釈については，以下の場合については，いずれも①を満たすと認められ，情報通信機器を労働者が所持していることのみをもって，制度が適用されないことはない。
・　勤務時間中に，労働者が自分の意思で通信回線自体を切断することができる場合
・　勤務時間中は通信回線自体の切断はできず，使用者の指示は情報通信機器を用いて行われるが，労働者が情報通信機器から自分の意思で離れることができ，応答のタイミングを労働者が判断することができる場合
・　会社支給の携帯電話等を所持していても，その応答を行うか否か，又は折り返しのタイミングについて労働者において判断できる場合

②　随時使用者の具体的な指示に基づいて業務を行っていないこと
　　以下の場合については②を満たすと認められる。
・　使用者の指示が，業務の目的，目標，期限等の基本的事項にとどまり，一日のスケジュール（作業内容とそれを行う時間等）をあらかじめ決めるなど作業量や作業の時期，方法等を具体的に特定するものではない場合

(3)　業務の性質等に基づく労働時間制度

　　裁量労働制及び高度プロフェッショナル制度は，業務遂行の方法，時間等について労働者の自由な選択に委ねることを可能とする制度である。これらの制度の対象労働者について，テレワークの実施を認めていくことにより，労働する場所についても労働者の自由な選択に委ねていくことが考えられる。

7　テレワークにおける労働時間管理の工夫
(1)　テレワークにおける労働時間管理の考え方

　　テレワークの場合における労働時間の管理については，テレワークが本来のオフィス以外の場所で行われるため使用者による現認ができないなど，労働時間の把握に工夫が必要となると考えられる。

　　一方で，テレワークは情報通信技術を利用して行われるため，労働時間管理についても情報通信技術を活用して行うこととする等によって，労務管理を円滑に行うことも可能となる。

　　使用者がテレワークの場合における労働時間の管理方法をあらかじめ明確にしておくことにより，労働者が安心してテレワークを行うことができるようにするとともに，使用者にとっても労務管理や業務管理を的確に行うことができるようにすることが望ましい。

(2)　テレワークにおける労働時間の把握

　　テレワークにおける労働時間の把握については，「労働時間の適正な把握のために使用者が講ずべき措置に関するガイドライン」（平成29年1月20日基発0120第3号。以下「適正把握ガイドライン」という。）も踏まえた使用者の対応として，次の方法によることが考えられる。

ア　客観的な記録による把握

　　適正把握ガイドラインにおいては，使用者が労働時間を把握する原則的な方法として，パソコンの使用時間の記録等の客観的な記録を基礎として，始業及び終業の時刻を確認すること等が挙げられている。情報通信機器やサテライトオフィスを使用しており，その記録が労働者の始業及び終業の時刻を反映している場合には，客観性を確保しつつ，労務管理を簡便に行う方法として，次の対応が考えられる。

①　労働者がテレワークに使用する情報通信機器の使用時間の記録等により，労働時間を把握すること
②　使用者が労働者の入退場の記録を把握することができるサテライトオフィスにおいてテレワークを行う場合には，サテライトオフィスへの入退場の記録等により労働時間を把握すること

イ　労働者の自己申告による把握

　テレワークにおいて，情報通信機器を使用していたとしても，その使用時間の記録が労働者の始業及び終業の時刻を反映できないような場合も考えられる。

　このような場合に，労働者の自己申告により労働時間を把握することが考えられるが，その場合，使用者は，

① 労働者に対して労働時間の実態を記録し，適正に自己申告を行うことなどについて十分な説明を行うことや，実際に労働時間を管理する者に対して，自己申告制の適正な運用等について十分な説明を行うこと

② 労働者からの自己申告により把握した労働時間が実際の労働時間と合致しているか否かについて，パソコンの使用状況など客観的な事実と，自己申告された始業・終業時刻との間に著しい乖離があることを把握した場合（※）には，所要の労働時間の補正をすること

③ 自己申告できる時間外労働の時間数に上限を設けるなど，労働者による労働時間の適正な申告を阻害する措置を講じてはならないことなどの措置を講ずる必要がある。

　※　例えば，申告された時間以外の時間にメールが送信されている，申告された始業・終業時刻の外で長時間パソコンが起動していた記録がある等の事実がある場合。
　　なお，申告された労働時間が実際の労働時間と異なることをこのような事実により使用者が認識していない場合には，当該申告された労働時間に基づき時間外労働の上限規制を遵守し，かつ，同労働時間を基に賃金の支払等を行っていれば足りる。

　労働者の自己申告により労働時間を簡便に把握する方法としては，例えば一日の終業時に，始業時刻及び終業時刻をメール等にて報告させるといった方法を用いることが考えられる。

(3)　労働時間制度ごとの留意点

　テレワークの場合においても，労働時間の把握に関して，労働時間制度に応じて次のような点に留意することが必要である。

・　フレックスタイム制が適用される場合には，使用者は労働者の労働時間については，適切に把握すること

・　事業場外みなし労働時間制が適用される場合には，必要に応じて，実態に合ったみなし時間となっているか労使で確認し，使用者はその結果に応じて業務量等を見直すこと

・　裁量労働制が適用される場合には，必要に応じて，業務量が過大又は期限の設定が不適切で労働者から時間配分の決定に関する裁量が事実上失われていないか，みなし時間

と当該業務の遂行に必要とされる時間とに乖離がないか等について労使で確認し，使用者はその結果に応じて業務量等を見直すこと

(4) テレワークに特有の事象の取扱い

ア　中抜け時間

　テレワークに際しては，一定程度労働者が業務から離れる時間が生じることが考えられる。

　このような中抜け時間については，労働基準法上，使用者は把握することとしても，把握せずに始業及び終業の時刻のみを把握することとしても，いずれでもよい。

　テレワーク中の中抜け時間を把握する場合，その方法として，例えば一日の終業時に，労働者から報告させることが考えられる。

　また，テレワーク中の中抜け時間の取扱いとしては，

① 中抜け時間を把握する場合には，休憩時間として取り扱い終業時刻を繰り下げたり，時間単位の年次有給休暇として取り扱う

② 中抜け時間を把握しない場合には，始業及び終業の時刻の間の時間について，休憩時間を除き労働時間として取り扱う

ことなどが考えられる。

　これらの中抜け時間の取扱いについては，あらかじめ使用者が就業規則等において定めておくことが重要である。

イ　勤務時間の一部についてテレワークを行う際の移動時間

　例えば，午前中のみ自宅やサテライトオフィスでテレワークを行ったのち，午後からオフィスに出勤する場合など，勤務時間の一部についてテレワークを行う場合が考えられる。

　こうした場合の就業場所間の移動時間について，労働者による自由利用が保障されている時間については，休憩時間として取り扱うことが考えられる。

　一方で，例えば，テレワーク中の労働者に対して，使用者が具体的な業務のために急きょオフィスへの出勤を求めた場合など，使用者が労働者に対し業務に従事するために必要な就業場所間の移動を命じ，その間の自由利用が保障されていない場合の移動時間は，労働時間に該当する。

ウ　休憩時間の取扱い

　労働基準法第34条第2項は，原則として休憩時間を労働者に一斉に付与することを規定しているが，テレワークを行う労働者について，労使協定により，一斉付与の原則を

適用除外とすることが可能である。

エ　時間外・休日労働の労働時間管理

　　テレワークの場合においても，使用者は時間外・休日労働をさせる場合には，三六協定の締結，届出や割増賃金の支払が必要となり，また，深夜に労働させる場合には，深夜労働に係る割増賃金の支払が必要である。

　　このため，使用者は，労働者の労働時間の状況を適切に把握し，必要に応じて労働時間や業務内容等について見直すことが望ましい。

オ　長時間労働対策

　　テレワークについては，業務の効率化に伴い，時間外労働の削減につながるというメリットが期待される一方で，

・　労働者が使用者と離れた場所で勤務をするため相対的に使用者の管理の程度が弱くなる

・　業務に関する指示や報告が時間帯にかかわらず行われやすくなり，労働者の仕事と生活の時間の区別が曖昧となり，労働者の生活時間帯の確保に支障が生ずる

といったおそれがあることに留意する必要がある。

　　このような点に鑑み長時間労働による健康障害防止を図ることや，労働者のワークライフバランスの確保に配慮することが求められている。

　　テレワークにおける長時間労働等を防ぐ手法としては，次のような手法が考えられる。

　(ア)　メール送付の抑制等

　　テレワークにおいて長時間労働が生じる要因として，時間外等に業務に関する指示や報告がメール等によって行われることが挙げられる。

　　このため，役職者，上司，同僚，部下等から時間外等にメールを送付することの自粛を命ずること等が有効である。メールのみならず電話等での方法によるものも含め，時間外等における業務の指示や報告の在り方について，業務上の必要性，指示や報告が行われた場合の労働者の対応の要否等について，各事業場の実情に応じ，使用者がルールを設けることも考えられる。

　(イ)　システムへのアクセス制限

　　テレワークを行う際に，企業等の社内システムに外部のパソコン等からアクセスする形態をとる場合が多いが，所定外深夜・休日は事前に許可を得ない限りアクセスできないよう使用者が設定することが有効である。

(ｳ)　時間外・休日・所定外深夜労働についての手続

　通常のオフィス勤務の場合と同様に，業務の効率化やワークライフバランスの実現の観点からテレワークを導入する場合にも，その趣旨を踏まえ，労使の合意により，時間外等の労働が可能な時間帯や時間数をあらかじめ使用者が設定することも有効である。この場合には，労使双方において，テレワークの趣旨を十分に共有するとともに，使用者が，テレワークにおける時間外等の労働に関して，一定の時間帯や時間数の設定を行う場合があること，時間外等の労働を行う場合の手続等を就業規則等に明記しておくことや，テレワークを行う労働者に対して，書面等により明示しておくことが有効である。

(ｴ)　長時間労働等を行う労働者への注意喚起

　テレワークにより長時間労働が生じるおそれのある労働者や，休日・所定外深夜労働が生じた労働者に対して，使用者が注意喚起を行うことが有効である。

　具体的には，管理者が労働時間の記録を踏まえて行う方法や，労務管理のシステムを活用して対象者に自動で警告を表示するような方法が考えられる。

(ｵ)　その他

　このほか，勤務間インターバル制度はテレワークにおいても長時間労働を抑制するための手段の一つとして考えられ，この制度を利用することも考えられる。

8　テレワークにおける安全衛生の確保
(1)　安全衛生関係法令の適用

　労働安全衛生法等の関係法令等においては，安全衛生管理体制を確立し，職場における労働者の安全と健康を確保するために必要となる具体的な措置を講ずることを事業者に求めており，自宅等においてテレワークを実施する場合においても，事業者は，これら関係法令等に基づき，労働者の安全と健康の確保のための措置を講ずる必要がある。

　具体的には，
・　健康相談を行うことが出来る体制の整備（労働安全衛生法第13条の３）
・　労働者を雇い入れたとき又は作業内容を変更したときの安全又は衛生のための教育（労働安全衛生法第59条）
・　必要な健康診断とその結果等を受けた措置（労働安全衛生法第66条から第66条の７まで）
・　過重労働による健康障害を防止するための長時間労働者に対する医師による面接指導とその結果等を受けた措置（労働安全衛生法第66条の８及び第66条の９）及び面接指導

の適切な実施のための労働時間の状況の把握（労働安全衛生法第66条の8の3），面接指導の適切な実施のための時間外・休日労働時間の算定と産業医への情報提供（労働安全衛生規則（昭和47年労働省令第32号）第52条の2）

・　ストレスチェックとその結果等を受けた措置（労働安全衛生法第66条の10）

・　労働者に対する健康教育及び健康相談その他労働者の健康の保持増進を図るために必要な措置（労働安全衛生法第69条）

等の実施により，労働者の安全と健康の確保を図ることが重要である。その際，必要に応じて，情報通信機器を用いてオンラインで実施することも有効である。

　なお，労働者を雇い入れたとき（雇入れ後にテレワークの実施が予定されているとき）又は労働者の作業内容を変更し，テレワークを初めて行わせるときは，テレワーク作業時の安全衛生に関する事項を含む安全衛生教育を行うことが重要である。

　また，一般に，労働者の自宅等におけるテレワークにおいては，危険・有害業務を行うことは通常想定されないものであるが，行われる場合においては，当該危険・有害業務に係る規定の遵守が必要である。

(2)　自宅等でテレワークを行う際のメンタルヘルス対策の留意点

　テレワークでは，周囲に上司や同僚がいない環境で働くことになるため，労働者が上司等とコミュニケーションを取りにくい，上司等が労働者の心身の変調に気づきにくいという状況となる場合が多い。

　このような状況のもと，円滑にテレワークを行うためには，事業者は，別紙1の「テレワークを行う労働者の安全衛生を確保するためのチェックリスト（事業者用）」を活用する等により，健康相談体制の整備や，コミュニケーションの活性化のための措置を実施することが望ましい。

　また，事業者は，事業場におけるメンタルヘルス対策に関する計画である「心の健康づくり計画」を策定することとしており（労働者の心の健康の保持増進のための指針（平成18年公示第3号）），当該計画の策定に当たっては，上記のようなテレワークにより生じやすい状況を念頭に置いたメンタルヘルス対策についても衛生委員会等による調査審議も含め労使による話し合いを踏まえた上で記載し，計画的に取り組むことが望ましい。

(3)　自宅等でテレワークを行う際の作業環境整備の留意点

　テレワークを行う作業場が，労働者の自宅等事業者が業務のために提供している作業場以外である場合には，事務所衛生基準規則（昭和47年労働省令第43号），労働安全衛生規則（一部，労働者を就業させる建設物その他の作業場に係る規定）及び「情報機器作業における労働衛生管理のためのガイドライン」（令和元年7月12日基発0712第3号）は一般

には適用されないが，安全衛生に配慮したテレワークが実施されるよう，これらの衛生基準と同等の作業環境となるよう，事業者はテレワークを行う労働者に教育・助言等を行い，別紙2の「自宅等においてテレワークを行う際の作業環境を確認するためのチェックリスト（労働者用）」を活用すること等により，自宅等の作業環境に関する状況の報告を求めるとともに，必要な場合には，労使が協力して改善を図る又は自宅以外の場所（サテライトオフィス等）の活用を検討することが重要である。

(4)　事業者が実施すべき管理に関する事項

　　事業者は，労働者がテレワークを初めて実施するときは，別紙1及び2のチェックリストを活用する等により，(1)から(3)までが適切に実施されることを労使で確認した上で，作業を行わせることが重要である。

　　また，事業者による取組が継続的に実施されていること及び自宅等の作業環境が適切に維持されていることを，上記チェックリストを活用する等により，定期的に確認することが望ましい。

9　テレワークにおける労働災害の補償

　　テレワークを行う労働者については，事業場における勤務と同様，労働基準法に基づき，使用者が労働災害に対する補償責任を負うことから，労働契約に基づいて事業主の支配下にあることによって生じたテレワークにおける災害は，業務上の災害として労災保険給付の対象となる。ただし，私的行為等業務以外が原因であるものについては，業務上の災害とは認められない。

　　在宅勤務を行っている労働者等，テレワークを行う労働者については，この点を十分理解していない可能性もあるため，使用者はこの点を十分周知することが望ましい。

　　また，使用者は，7(2)を踏まえた労働時間の把握において，情報通信機器の使用状況などの客観的な記録や労働者から申告された時間の記録を適切に保存するとともに，労働者が負傷した場合の災害発生状況等について，使用者や医療機関等が正確に把握できるよう，当該状況等を可能な限り記録しておくことを労働者に対して周知することが望ましい。

10　テレワークの際のハラスメントへの対応

　　事業主は，職場におけるパワーハラスメント，セクシュアルハラスメント等（以下「ハラスメント」という。）の防止のための雇用管理上の措置を講じることが義務づけられており，テレワークの際にも，オフィスに出勤する働き方の場合と同様に，関係法令・関係指針に基づき，ハラスメントを行ってはならない旨を労働者に周知啓発する等，ハラスメントの防止対策を十分に講じる必要がある。

11　テレワークの際のセキュリティへの対応

　　情報セキュリティの観点から全ての業務を一律にテレワークの対象外と判断するのではな
く，関連技術の進展状況等を踏まえ，解決方法の検討を行うことや業務毎に個別に判断する
ことが望ましい。また，企業・労働者が情報セキュリティ対策に不安を感じないよう，総務
省が作成している「テレワークセキュリティガイドライン」等を活用した対策の実施や労働
者への教育等を行うことが望ましい。

（別紙１）テレワークを行う労働者の安全衛生を確保するためのチェックリスト【事業者用】

1　このチェックリストは，労働者にテレワークを実施させる事業者が安全衛生上，留意すべき事項を確認する
　際に活用いただくことを目的としています。
2　労働者が安全かつ健康にテレワークを実施する上で重要な事項ですので，全ての項目に ☑ が付くように努
　めてください。
3　「法定事項」の欄に「◎」が付されている項目については，労働安全衛生関係法令上，事業者に実施が義務付
　けられている事項ですので，不十分な点があれば改善を図ってください。
4　適切な取組が継続的に実施されるよう，このチェックリストを用いた確認を定期的（半年に１回程度）に実
　施し，その結果を衛生委員会等に報告してください。

すべての項目について確認し，当てはまるものに ☑ を付けてください。

項　　　　　　　　　　　　目	法定事項
1　安全衛生管理体制について	
（1）　衛生管理者等の選任，安全・衛生委員会等の開催	
☐　業種や事業場規模に応じ，必要な管理者等の選任，安全・衛生委員会等が開催されているか。	◎
☐　常時使用する労働者数に基づく事業場規模の判断は，テレワーク中の労働者も含めて行っているか。	◎
☐　衛生管理者等による管理や，安全・衛生委員会等における調査審議は，テレワークが通常の勤務とは異なる点に留意の上，行っているか。	
☐　自宅等における安全衛生上の問題（作業環境の大きな変化や労働者の心身の健康に生じた問題など）を衛生管理者等が把握するための方法をあらかじめ定めているか。	
（2）　健康相談体制の整備	
☐　健康相談を行うことができる体制を整備し，相談窓口や担当者の連絡先を労働者に周知しているか。	
☐　健康相談の体制整備については，オンラインなどテレワーク中の労働者が相談しやすい方法で行うことができるよう配慮しているか。	
☐　上司等が労働者の心身の状況やその変化を的確に把握できるような取組を行っているか（定期的なオンライン面談，会話を伴う方法による日常的な業務指示等）	
2　安全衛生教育について	
（1）　雇入れ時の安全衛生教育	
☐　雇入れ時にテレワークを行わせることが想定されている場合には，雇入れ時の安全衛生教育にテレワーク作業時の安全衛生や健康確保に関する事項を含めているか。	◎
（2）　作業内容変更時教育	
☐　テレワークを初めて行わせる労働者に対し，作業内容変更時の安全衛生教育を実施し，テレワーク作業時の安全衛生や健康確保に関する事項を教育しているか。 　※ 作業内容に大幅な変更が生じる場合には，必ず実施してください。	
（3）　テレワーク中の労働者に対する安全衛生教育	
☐　テレワーク中の労働者に対してオンラインで安全衛生教育を実施する場合には，令和３年１月25日付け基安発0125第２号，基安労発0125第１号，基安化発0125第１号「インターネット等を介したｅラーニング等により行われる労働安全衛生法に基づく安全衛生教育等の実施について」に準じた内容としているか。	
3　作業環境	
（1）　サテライトオフィス型	
☐　労働安全衛生規則や事務所衛生基準規則の衛生基準と同等の作業環境となっていることを確認した上でサテライトオフィス等のテレワーク用の作業場を選定しているか。	◎
（2）　自宅	
☐　別添２のチェックリスト（労働者用）を参考に労働者に自宅の作業環境を確認させ，問題がある場合には労使が協力して改善に取り組んでいるか。また，改善が困難な場合には適切な作業環境や作業姿勢等が確保できる場所で作業を行うことができるよう配慮しているか。	
（3）　その他（モバイル勤務等）	
☐　別添２のチェックリスト（労働者用）を参考に適切な作業環境や作業姿勢等が確保できる場所を選定するよう労働者に周知しているか。	

項　　　　　　　　　　　　　　　目	法定事項
4　健康確保対策について	
（1）　健康診断	
□　定期健康診断，特定業務従事者の健診等必要な健康診断を実施しているか。	◎
□　健康診断の結果，必要な事後措置は実施しているか。	◎
□　常時，自宅や遠隔地でテレワークを行っている者の健康診断受診に当たっての負担軽減に配慮しているか。（労働者が健診機関を選択できるようにする等）	
（2）　長時間労働者に対する医師の面接指導	
□　関係通達に基づき，労働時間の状況を把握し，週40時間を超えて労働させた時間が80時間超の労働者に対して状況を通知しているか。	◎
□　週40時間を超えて労働させた時間が80時間超の労働者から申出があった場合には医師による面接指導を実施しているか。	◎
□　面接指導の結果，必要な事後措置を実施しているか。	◎
□　テレワーク中の労働者に対し，医師による面接指導をオンラインで実施することも可能であるが，その場合，医師に事業場や労働者に関する情報を提供し，円滑に映像等が送受信可能な情報通信機器を用いて実施しているか。なお，面接指導を実施する医師は産業医に限られない。※詳細は平成27年9月15日付け基発0915第5号「情報通信機器を用いた労働安全衛生法第66条の8第1項，第66条の8の2第1項，法第66条の8の4第1項及び第66条の10第3項の規定に基づく医師による面接指導の実施について」（令和2年11月19日最終改正）を参照。	◎
（3）　その他（健康保持増進）	
□　健康診断の結果，特に健康の保持に努める必要があると認める労働者に対して，医師または保健師による保健指導を実施しているか。	
□　THP（トータル・ヘルスプロモーション・プラン）指針に基づく計画は，テレワークが通常の勤務とは異なることに留意した上で策定され，当該計画に基づき計画的な取組を実施しているか。	
5　メンタルヘルス対策 ※項目1（2）及び6（1）もメンタルヘルス対策の一環として取り組んでください。	
（1）　ストレスチェック	
□　ストレスチェックを定期的に実施し，結果を労働者に通知しているか。また，希望者の申し出があった場合に面接指導を実施しているか。（労働者数50人未満の場合は努力義務）※面接指導をオンラインで実施する場合には，4（2）4ポツ目についても確認。	◎
□　テレワーク中の労働者が時期を逸することなく，ストレスチェックや面接指導を受けることができるよう，配慮しているか。（メールやオンラインによる実施等）	
□　ストレスチェック結果の集団分析は，テレワークが通常の勤務と異なることに留意した上で行っているか。	
（2）　心の健康づくり	
□　メンタルヘルス指針に基づく計画は，テレワークが通常の勤務とは異なることに留意した上で策定され，当該計画に基づき計画的な取組を実施しているか。	
6　その他	
（1）　コミュニケーションの活性化	
□　同僚とのコミュニケーション，日常的な業務相談や業務指導等を円滑に行うための取組がなされているか。（定期的・日常的なオンラインミーティングの実施等）	
（2）　緊急連絡体制	
□　災害発生時や業務上の緊急事態が発生した場合の連絡体制を構築し，テレワークを行う労働者に周知しているか。	

※　ご不明な点がございましたら，お近くの労働局又は労働基準監督署の安全衛生主務課にお問い合わせください。

記　入　日：令和　　　年　　　月　　　日

記入者職氏名：

R3.3.25版

（別紙2）自宅等においてテレワークを行う際の作業環境を確認するためのチェックリスト【労働者用】

1　このチェックリストは，自宅等においてテレワークを行う際の作業環境について，テレワークを行う労働者本人が確認する際に活用いただくことを目的としています。
2　確認した結果，すべての項目に ☑ が付くように，不十分な点があれば事業者と話し合って改善を図るなどにより，適切な環境下でテレワークを行うようにしましょう。

すべての項目について【観点】を参考にしながら作業環境を確認し，当てはまるものに ☑ を付けてください。

1　作業場所やその周辺の状況について

☐　（1）　作業等を行うのに十分な空間が確保されているか。

【観点】
・作業の際に手足を伸ばせる空間があるか。
・静的筋緊張や長時間の拘束姿勢，上肢の反復作業などに伴う疲労やストレスの解消のために，体操やストレッチを適切に行うことができる空間があるか。
・物が密集している等，窮屈に感じないか。

☐　（2）　無理のない姿勢で作業ができるように，机，椅子や，ディスプレイ，キーボード，マウス等について適切に配置しているか。

【観点】
・眼，肩，腕，腰に負担がかからないような無理のない姿勢で作業を行うことができるか。

☐　（3）　作業中に転倒することがないよう整理整頓されているか。

【観点】
・つまづく恐れのある障害物，畳やカーペットの継ぎ目，電源コード等はないか。
・床に書類が散らばっていないか。
・作業場所やその周辺について，すべり等の危険のない，安全な状態としているか。

☐　（4）　その他事故を防止するための措置は講じられているか。

【観点】
・電気コード，プラグ，コンセント，配電盤は良好な状態にあるか。配線が損傷している箇所はないか。
・地震の際などに物の落下や家具の転倒が起こらないよう，必要な措置を講じているか。

2　作業環境の明るさや温度等について

☐　（1）　作業を行うのに支障ない十分な明るさがあるか。

【観点】
・室の照明で不十分な場合は，卓上照明等を用いて適切な明るさにしているか。
・作業に使用する書類を支障なく読むことができるか。
・光源から受けるギラギラしたまぶしさ（グレア）を防止するためにディスプレイの設置位置などを工夫しているか。

☐　（2）　作業の際に，窓の開閉や換気設備の活用により，空気の入れ換えを行っているか。

☐　（3）　作業に適した温湿度への調整のために，冷房，暖房，通風等の適当な措置を講ずることができるか。

【観点】
・エアコンは故障していないか。
・窓は開放することができるか。

☐　（4）　石油ストーブなどの燃焼器具を使用する時は，適切に換気・点検を行っているか。

☐　（5）　作業に支障を及ぼすような騒音等がない状況となっているか。

【観点】
・テレビ会議等の音声が聞き取れるか。
・騒音等により著しく集中力を欠くようなことがないか。

3　休憩等について

☐　（1）　作業中に，水分補給，休憩（トイレ含む）を行う事ができる環境となっているか。

4　その他

☐　（1）　自宅の作業環境に大きな変化が生じた場合や心身の健康に問題を感じた場合に相談する窓口や担当者の連絡先は把握しているか。

※　ご不明な点がございましたら，お近くの労働局又は労働基準監督署の安全衛生主務課にお問い合わせください。

記　入　日：令和　　　年　　　月　　　日

記入者職氏名：

R3.3.25版

労働時間の適正な把握のために使用者が講ずべき措置に関するガイドライン

〔厚生労働省〕

1　趣旨

　　労働基準法においては，労働時間，休日，深夜業等について規定を設けていることから，使用者は，労働時間を適正に把握するなど労働時間を適切に管理する責務を有している。

　　しかしながら，現状をみると，労働時間の把握に係る自己申告制（労働者が自己の労働時間を自主的に申告することにより労働時間を把握するもの。以下同じ。）の不適正な運用等に伴い，同法に違反する過重な長時間労働や割増賃金の未払いといった問題が生じているなど，使用者が労働時間を適切に管理していない状況もみられるところである。

　　このため，本ガイドラインでは，労働時間の適正な把握のために使用者が講ずべき措置を具体的に明らかにする。

2　適用の範囲

　　本ガイドラインの対象事業場は，労働基準法のうち労働時間に係る規定が適用される全ての事業場であること。

　　また，本ガイドラインに基づき使用者（使用者から労働時間を管理する権限の委譲を受けた者を含む。以下同じ。）が労働時間の適正な把握を行うべき対象労働者は，労働基準法第41条に定める者及びみなし労働時間制が適用される労働者（事業場外労働を行う者にあっては，みなし労働時間制が適用される時間に限る。）を除く全ての者であること。

　　なお，本ガイドラインが適用されない労働者についても，健康確保を図る必要があることから，使用者において適正な労働時間管理を行う責務があること。

3　労働時間の考え方

　　労働時間とは，使用者の指揮命令下に置かれている時間のことをいい，使用者の明示又は黙示の指示により労働者が業務に従事する時間は労働時間に当たる。そのため，次のアからウのような時間は，労働時間として扱わなければならないこと。

　　ただし，これら以外の時間についても，使用者の指揮命令下に置かれていると評価される時間については労働時間として取り扱うこと。

　　なお，労働時間に該当するか否かは，労働契約，就業規則，労働協約等の定めのいかんによらず，労働者の行為が使用者の指揮命令下に置かれたものと評価することができるか否かにより客観的に定まるものであること。また，客観的に見て使用者の指揮命令下に置かれて

いると評価されるかどうかは，労働者の行為が使用者から義務づけられ，又はこれを余儀なくされていた等の状況の有無等から，個別具体的に判断されるものであること。

ア　使用者の指示により，就業を命じられた業務に必要な準備行為（着用を義務付けられた所定の服装への着替え等）や業務終了後の業務に関連した後始末（清掃等）を事業場内において行った時間等

イ　使用者の指示があった場合には即時に業務に従事することを求められており，労働から離れることが保障されていない状態で待機等している時間（いわゆる「手待時間」）

ウ　参加することが業務上義務づけられている研修・教育訓練の受講や，使用者の指示により業務に必要な学習等を行っていた時間

4　労働時間の適正な把握のために使用者が講ずべき措置
(1)　始業・終業時刻の確認及び記録
　　　使用者は，労働時間を適正に把握するため，労働者の労働日ごとの始業・終業時刻を確認し，これを記録すること。

(2)　始業・終業時刻の確認及び記録の原則的な方法
　　　使用者が始業・終業時刻を確認し，記録する方法としては，原則として次のいずれかの方法によること。

ア　使用者が，自ら現認することにより確認し，適正に記録すること。

イ　タイムカード，IC カード，パソコンの使用時間の記録等の客観的な記録を基礎として確認し，適正に記録すること。

(3)　自己申告制により始業・終業時刻の確認及び記録を行う場合の措置
　　　上記(2)の方法によることなく，自己申告制によりこれを行わざるを得ない場合，使用者は次の措置を講ずること。

ア　自己申告制の対象となる労働者に対して，本ガイドラインを踏まえ，労働時間の実態を正しく記録し，適正に自己申告を行うことなどについて十分な説明を行うこと。

イ　実際に労働時間を管理する者に対して，自己申告制の適正な運用を含め，本ガイドラインに従い講ずべき措置について十分な説明を行うこと。

ウ　自己申告により把握した労働時間が実際の労働時間と合致しているか否かについて，必要に応じて実態調査を実施し，所要の労働時間の補正をすること。

　　特に，入退場記録やパソコンの使用時間の記録など，事業場内にいた時間の分かるデータを有している場合に，労働者からの自己申告により把握した労働時間と当該データで分かった事業場内にいた時間との間に著しい乖離が生じているときには，実態調査を実施し，所要の労働時間の補正をすること。

エ　自己申告した労働時間を超えて事業場内にいる時間について，その理由等を労働者に報告させる場合には，当該報告が適正に行われているかについて確認すること。

　　その際，休憩や自主的な研修，教育訓練，学習等であるため労働時間ではないと報告されていても，実際には，使用者の指示により業務に従事しているなど使用者の指揮命令下に置かれていたと認められる時間については，労働時間として扱わなければならないこと。

オ　自己申告制は，労働者による適正な申告を前提として成り立つものである。このため，使用者は，労働者が自己申告できる時間外労働の時間数に上限を設け，上限を超える申告を認めない等，労働者による労働時間の適正な申告を阻害する措置を講じてはならないこと。

　　また，時間外労働時間の削減のための社内通達や時間外労働手当の定額払等労働時間に係る事業場の措置が，労働者の労働時間の適正な申告を阻害する要因となっていないかについて確認するとともに，当該要因となっている場合においては，改善のための措置を講ずること。

　　さらに，労働基準法の定める法定労働時間や時間外労働に関する労使協定（いわゆる36協定）により延長することができる時間数を遵守することは当然であるが，実際には延長することができる時間数を超えて労働しているにもかかわらず，記録上これを守っているようにすることが，実際に労働時間を管理する者や労働者等において，慣習的に行われていないかについても確認すること。

(4)　賃金台帳の適正な調製

　　使用者は，労働基準法第108条及び同法施行規則第54条により，労働者ごとに，労働日数，労働時間数，休日労働時間数，時間外労働時間数，深夜労働時間数といった事項を適正に記入しなければならないこと。

　また，賃金台帳にこれらの事項を記入していない場合や，故意に賃金台帳に虚偽の労働時間数を記入した場合は，同法第120条に基づき，30万円以下の罰金に処されること。

(5)　労働時間の記録に関する書類の保存

　使用者は，労働者名簿，賃金台帳のみならず，出勤簿やタイムカード等の労働時間の記録に関する書類について，労働基準法第109条に基づき，3年間保存しなければならないこと。

(6)　労働時間を管理する者の職務

　事業場において労務管理を行う部署の責任者は，当該事業場内における労働時間の適正な把握等労働時間管理の適正化に関する事項を管理し，労働時間管理上の問題点の把握及びその解消を図ること。

(7)　労働時間等設定改善委員会等の活用

　使用者は，事業場の労働時間管理の状況を踏まえ，必要に応じ労働時間等設定改善委員会等の労使協議組織を活用し，労働時間管理の現状を把握の上，労働時間管理上の問題点及びその解消策等の検討を行うこと。

【参考資料】（本書記載順）

公益財団法人日本生産性本部「第12回 働く人の意識に関する調査」

1　一般社団法人日本テレワーク協会「テレワーク関連ツール一覧」

2　一般社団法人日本テレワーク協会「中堅・中小企業におすすめのテレワーク製品一覧」

3　総務省「テレワークセキュリティガイドライン」

4　総務省「中小企業等担当者向けテレワークセキュリティの手引き（チェックリスト）」

5　国税庁「在宅勤務に係る費用負担等に関する FAQ（源泉所得税関係）」

6　厚生労働省「テレワークの労務管理に関する Q&A」（テレワーク総合ポータルサイト）

7　厚生労働省「情報機器作業における労働衛生管理のためのガイドライン」

8　厚生労働省「テレワークにおけるメンタルヘルス対策のための手引き」

9　厚生労働省「テレワークモデル就業規則〜作成の手引き〜」

10　厚生労働省「職場におけるパワーハラスメント対策が事業主の義務になりました！」

11　一般社団法人日本経済団体連合会「エンゲージメントと労働生産性の向上に資するテレワークの活用」

12　環境庁「新たな旅のスタイル ワーケーション＆ブレジャー はたらく・やすむ・いきる」

索　引

〈著者紹介〉

毎熊　典子（まいくま　のりこ）

毎熊社会保険労務士事務所 代表　特定社会保険労務士

日本リスクマネジャー＆コンサルタント協会評議員・認定上級リスクコンサルタント，日本プライバシー認証機構認定プライバシーコンサルタント，東京商工会議所認定健康経営エキスパートアドバイザー，東京都社会保険労務士会「エンゲージメント向上に向けた職場環境づくり推進事業」派遣専門家，日本テレワーク協会会員，広報学会会員。

慶應義塾大学法学部法律学科卒業後，株式会社東芝に入社。平成14年フランテック法律事務所に入所。平成22年社会保険労務士登録。平成28年よりフランテック社会保険労務士事務所代表。令和3年より毎熊社会保険労務士事務所代表。
人事労務コンサルティングや労務コンプライアンス監査を得意分野とし，雇用をめぐる企業のリスク対策のほか，ダイバーシティ時代における労務管理，個人情報保護，SNSリスク対策など，多方面において講演，執筆活動を行っている。

テレワーク制度のブラッシュアップ―導入・見直しのポイントと労務管理

2023年6月5日　第1版第1刷発行

著　者	毎　熊　典　子	
発行者	山　本　　　継	
発行所	㈱中央経済社	
発売元	㈱中央経済グループ パ ブ リ ッ シ ン グ	

〒101-0051　東京都千代田区神田神保町1-35
電話　03 (3293) 3371 (編集代表)
03 (3293) 3381 (営業代表)
https://www.chuokeizai.co.jp/
印刷／文唱堂印刷㈱
製本／㈲井上製本所

© 2023
Printed in Japan

＊頁の「欠落」や「順序違い」などがありましたらお取り替えいたしますので発売元までご送付ください。（送料小社負担）
ISBN978-4-502-46041-8　C3032

「Q&Aでわかる業種別法務」シリーズ

――――― 日本組織内弁護士協会〔監修〕 ―――――

　インハウスローヤーを中心とした執筆者が，各業種のビジネスに沿った法務のポイントや法規制等について解説するシリーズです。自己研鑽，部署のトレーニング等にぜひお役立てください。

Point

- 実際の法務の現場で問題となるシチュエーションを中心にQ&Aを設定。
- 執筆者が自身の経験等をふまえ，「実務に役立つ」視点を提供。
- 参考文献や関連ウェブサイトを随所で紹介。本書を足がかりに，さらに各分野の理解を深めることができます。

〔シリーズラインナップ〕

中央経済社